30 Liter Wein

EINE REISE DURCH GEORGIEN

Susanne Schweigert

Bibliografische Information der Deutschen Nationalbibliothek:
Die Deutsche Nationalbibliothek verzeichnet diese Publikation in
der Deutschen Nationalbibliografie; detaillierte bibliografische
Daten sind im Internet über dnb.dnb.de abrufbar.

Herstellung und Verlag: BoD - Books on Demand, Norderstedt

2. Auflage

Text und Fotos: Susanne Schweigert
Buchsatz und Gestaltung: Florian Koßmann
                          (kossmann.buchgestaltung@web.de)

ISBN: 978-3-7578-0620-0

30 Liter Wein

Eine Reise durch Georgien

Susanne Schweigert

Inhalt

VORWORT	7
This is Georgia. Das ist eben Georgien.	7
CHEMNITZ	10
TBILISI	13
In der Hitze der Stadt	13
LAGODEKHI	15
Ungeplante Rast im Urwald	15
Auf dem Weg nach Kazbegi – Zwischenspiel in Tbilisi	22
IM GROSSEN KAUKASUS	24
Begegnungen in Kazbegi (Stepantsminda)	24
Swanetien, Mestia	32
Swanetien, Ushguli	36
Zurück in Mestia	43
Eine Wanderung in guter Gesellschaft	46
Exkurs: Der Film ›Dede‹	52
Bergbesteigung: Guli Pass	60
IM KLEINEN KAUKASUS (BORJOMI)	64
SIGHNAGHI	79
Hilton Hovel – Hilton Hütte	87

ZURÜCK IN LAGODEKHI 91

Lucky in Lagodekhi – Glück haben in Lagodekhi 91

GURIEN 100

Auf dem Weg ans Schwarze Meer 100

Am Schwarzen Meer 103

Mtirala Nationalpark 109

ADSCHARIEN 113

The bright lights of Batumi – Die hellen Lichter von Batumi 113

›Komli‹ 118

Leben in Gemeinschaft in Tsitelmta 118

ZURÜCK IN GURIEN 118

ZURÜCK IN TBILISI 133

Von West nach Ost: 133

Relikte der Sowjetunion 133

Fastentage in der Hauptstadt 137

Nach dem Fasten 146

EPILOG 151

LITERATUREMPFEHLUNGEN 154

Die ersten Zeilen des Buches kommen auf Papier in der Hängematte in Ingas Garten

VORWORT

This is Georgia. Das ist eben Georgien.

Entspannt liege ich in der Hängematte des großen Gartens unseres Gästehauses in den Bergen von Swanetien, einer Region im Nordwesten Georgiens, als auf einmal eine große schwarz-weiß gescheckte Kuh auf mich zukommt. Wir sehen uns verwundert an. Ihre dreißig Zentimeter langen Hörner verunsichern mich kurz, doch dann sehe ich ihr prall gefülltes Euter und begreife, dass sie eine Milchkuh ist. Die Grundstücke in ganz Georgien sind umzäunt, damit die oft frei herumlaufenden Kühe, Schweine, Pferde sowie streunende Hunde nicht in die Gärten der Einwohner gelangen. Doch dieser Fall ist anders. Inga, unsere Gastmutter, gibt mir zu verstehen, dass diese Kuh auf Einladung hier ist. Sie ist sozusagen der kostenlose Rasenmäher für die zwei Frauen, die das Gästehaus führen. Ich schmunzle in mich hinein. Georgien überrascht mich immer wieder.

Auch von mir selbst bin ich überrascht. Aber genau das ist es, was das Reisen für mich ausmacht: Sowohl die Welt als auch sich selbst mit anderen Augen zu sehen.

Ich habe an diesem Morgen – fast zwei Monate nach Beginn unserer Reise – begonnen, dieses Buch zu schreiben.

Und ich liebe das Schreiben. Davon gesprochen habe ich nun schon lang; davon, dass ich ein Buch schreiben möchte. Über Georgien, unsere Zeit hier, über die Schönheit dieses Landes, die Wildheit und Unberührtheit des Kaukasus, aber vor allem über die Begegnungen mit den Menschen. Menschen, die ich sofort in mein Herz geschlossen habe – und ich habe den Eindruck, sie mich auch. Ich fühle mich, als wäre ich angekommen. Die Herzen der Georgier sind weit offen, und sie lassen mich mitten hinein.

Doch getraut habe ich mich lange Zeit nicht. Selbstzweifel überkamen mich bei dem Gedanken, ein Buch zu schreiben. Kann ich das überhaupt? Ich bin Tischlerin, habe vor meiner Tischlerlehre ein Magisterstudium in Anglistik, Amerikanistik, Politikwissenschaft und Psychologie abgeschlossen. Viel geschrieben habe ich im Studium zwar auch, doch genossen hatte ich es nie. Als Tischlerin sehe ich jeden Tag die Resultate meiner Arbeit, das befriedigt mich mehr, als es das Schreiben im Studium je getan hatte. Doch nun keimt der Wunsch in mir, die Dinge, die meine Augen sehen, zu Papier zu bringen.

Mein ganzes Leben schon habe ich viel gelesen. Ich liebe das Lesen, die Art und Weise, wie Bücher und Geschichten mich in andere Welten und Länder entführen können. Besonders Reiseliteratur hatte es mir in den vergangenen Jahren angetan. Jedes Buch, das ich über jene Länder, in die ich reise, in die Finger bekam, verschlang ich. Mein E-Book-Reader wurde mir zum teuersten Reisebegleiter.

Und so beschließe ich, es einfach zu versuchen. Schließlich habe ich Zeit. Und Muse. Also, was kann schon schiefgehen? Selbst wenn niemals jemand dieses Buch lesen würde, dann wäre es zumindest für mich ein wunderschönes Reisememoir.

An diesem leicht bewölkten Spätsommertag im September fange ich an. Und merke, dass mir das Schreiben ganz leicht von der Hand geht. Viel leichter, als ich es jemals vermutet hätte. Vor allem hilft mir ein Rat, den ich bei Bestsellerautor Nassim Nicholas Taleb gelesen habe: Wenn er begann, sich beim Schreiben zu langweilen, dann war es an der Zeit, das Thema zu wechseln oder das Geschriebene anders zu formulieren. Oder aber einfach etwas anderes zu tun und zu warten, bis die Muse ihn wieder küsste.

In diesem Sinne hoffe ich, dass euch diese kleine Erzählung angenehm unterhalten wird und das Lesen euch genauso viel Vergnügen bereitet, wie mir das Schreiben.

Noch ein paar Worte zur Überschrift dieses Kapitels: Wann immer etwas Unerwartetes passierte, wenn wir zum Beispiel von einer Gruppe von Georgiern eingeladen wurden, oft zu selbstgemachtem Wein oder selbstgebranntem Chacha, dem starkem georgischen Schnaps, – und wir eigentlich ganz andere Pläne gehabt hatten – dann sagte jemand: »This is Georgia. Das ist eben Georgien.« Und dann war das einfach so.

Chemnitz

Ich bin wahnsinnig aufgeregt. Es ist ein sonniger, heißer Tag Mitte Juli im Jahr 2021. Erst vor einer Woche bin ich von einem zehntägigen Vipassana Schweigeseminar zurückgekehrt, und heute werde ich ins Flugzeug steigen und nach Georgiens Hauptstadt Tbilisi fliegen. Die vergangene Woche war voller ausgefüllter Tage, die mich zurück ins pralle Leben katapultiert hatten, nachdem ich zuvor für zehn Tage geschwiegen, meditiert und sechzehn Stunden täglich gefastet hatte. Mein Kopf ist frei wie lange nicht mehr. Ich habe einiges losgelassen, was mich schon lange beschäftigt hatte. Mein Körper fühlt sich kraftvoll und gut an, und ich bin bereit für einen aufregenden Sommer. Mit allen Sinnen will ich ihn genießen, möchte eintauchen in die georgische Kultur, das Land erforschen, die Menschen und die berühmte georgische Gastfreundschaft kennenlernen. Möchte in Gletscherflüssen baden gehen und in kleinen Gasthäusern im wilden Kaukasus hausgemachte Weine trinken.

Am meisten freue ich mich darauf, nach sieben Monaten meinen Freund Gwill wiederzusehen. Er ist Engländer und war Ende des Jahres 2020 von Chemnitz nach Südengland zurückgekehrt, um die Weihnachtszeit mit seiner Familie zu verbringen. Wie es das Schicksal wollte, war damals nur vierundzwanzig Stunden nach seiner Ankunft aufgrund der Corona-Pandemie ein totaler Lockdown im Vereinigten Königreich verhängt und die Grenzen geschlossen worden.

Zur gleichen Zeit hatten meine Familie und ich uns mit dem Virus infiziert, und ich brauchte zehn Wochen, um mich von seinen Folgen zu erholen. Eine Reise nach Südengland kam also für mich nicht in Frage, und so harrten wir der Dinge, die da kamen und beschlossen, unsere Vorfreude auf gemeinsame Abenteuer mit Telefonaten und Reisedokus zu versüßen.

Aber zurück ins Hier und Jetzt. Mein auf eigenen Wunsch befristeter Arbeitsvertrag als Tischlerin bei einer Türen- und Fensterbaufirma endete Anfang Juli. Das passte zeitlich hervorragend mit dem Beginn des Schweigeseminars zusammen. Mit einem freien Kopf und genügend Geld in der Tasche bin ich nun bereit zum Aufbruch.

Trotz der heißen Tagestemperaturen in diesem Sommer, ist die Morgenluft kühl und ich bin voller Tatendrang, als meine Mom und ihr Mann mich um fünf Uhr in der Früh zum Bahnhof fahren. Eine letzte Umarmung, ein letztes Winken und ich steige – auf einmal ganz ruhig – in den Zug nach Elsterwerda. Dort werde ich nach Berlin umsteigen, Gwill treffen und dann gemeinsam mit ihm nach Tbilisi fliegen.

Ich habe alles gepackt, bin sicher, nichts vergessen zu haben, und auf einmal realisiere ich, dass ich wahnsinnig hungrig bin. Ich habe kein Essen dabei. Normalerweise brauche ich nicht viel, wenn ich unterwegs bin, aber an diesem frühen Morgen knurrt mein Magen und beschwert sich, dass ich nicht an ihn gedacht habe. Ich muss schmunzeln. Aha, an alles habe ich gedacht, zumindest für die Zeit in Georgien, aber nicht an die kurzfristigen Wünsche meines Körpers. Nun gut, vielleicht hat Elsterwerda ja noch den legendären Bahnhofskiosk, in dem schon meine Mom in jungen Jahren bei der Durchreise ihren Hunger gestillt hatte. Und siehe da: Der Kiosk existiert noch, ist sogar neu hergerichtet und die Bedienung serviert mir mit Freuden eine Bockwurst mit viel Ketchup zum Frühstück. Ich lache in mich hinein, denn Bockwurst zum Frühstück ist sonst gar nicht meine Art. Das ist doch ein vielversprechender Anfang einer langen Reise.

TBILISI

In der Hitze der Stadt

Es ist ein brennend heißer Juli in der großen Stadt am Fuße des Hausberges Mtatsminda. Ich wusste, dass es heiß werden würde, aber so heiß! Ja doch, genauso brütend heiß hatte ich es mir vorgestellt. Nachts lassen wir die Klimaanlage in unserem kleinen Apartment laufen, weil es sonst unerträglich wäre. Mein ganzes Leben lang habe ich Klimaanlagen gehasst, fand sie sinnlos und viel zu kalt eingestellt. In Tbilisi danke ich dem Universum für diese geniale Erfindung.

Die Stadt ist aufgeheizt, der Asphalt brennt, und trotz der vielen schattenspendenden Bäume ist es schwül und unangenehm. Tagsüber verlassen wir die klimatisierte Unterkunft nur, wenn wir Lebensmittel brauchen. Meistens warten wir jedoch bis in die Abendstunden, um durch unser malerisches Stadtviertel zu schlendern. Doch die Abkühlung bringt wenig Erleichterung. Auch wenn die Temperatur von fünfunddreißig auf achtundzwanzig Grad fällt, fühlt es sich noch zu warm an.

Wir erkunden die Restaurants von Tbilisi, schlemmen uns durch georgische Köstlichkeiten und freuen uns wie kleine Kinder, dass wir wieder beieinander sind.

In der ersten Woche lassen wir alles auf uns wirken, sind zu träge von der Hitze, um Pläne zu machen. In der zweiten

Woche finde ich ein Buch mit dem beeindruckenden Titel: »Lerne das georgische Alphabet in fünf Tagen.« Diese Herausforderung nehmen wir gern an. Nach fünf Tagen können wir mehr oder weniger jeden Buchstaben aussprechen, und diese faszinierenden Kringel, die aussehen wie Eistüten, Krabben oder Gespenster, machen endlich einen Sinn für uns. Wir können Wörter entziffern wie ›Limonati‹ für Limonade und ›Tskali‹ für Wasser.

Im englischsprachigen Buchladen von Peter Nasmyth auf der Rustaveli Avenue finden wir einige hervorragende Reise- und Wanderführer. Ich verschlinge sie fortan in der Kühle unseres Apartments, während Gwill die Gelegenheit nutzt, um ausgedehnte Nickerchen zu machen. Nach zehn Tagen beschließen wir, die Stadt zu verlassen und erst wiederzukommen, wenn es kühler ist.

LAGODEKHI

Ungeplante Rast im Urwald

Der Nationalpark Lagodekhi mit dem gleichnamigen Städtchen liegt nur drei Stunden östlich von Tbilisi, nahe der aserbaidschanischen Grenze. Er besteht aus alten Wäldern, durchzogen von Flüssen und Wasserfällen, fast wie im Urwald. Ich hatte von einer Reiseschriftstellerin gelesen, dass sie den Urwald im Dschungel des Amazonas in Brasilien erfolglos gesucht, sie ihn aber in Lagodekhi gefunden hatte. Aus diesem Grund wollten wir hierher.

Zu spät stellen wir fest, dass es an diesem Ort nur wenige Grad kühler ist als in der Hauptstadt. Doch hier genießen wir die hohen Temperaturen, denn wir können in den Flüssen baden und uns so wunderbar abkühlen.

Nach einer Woche in Lagodekhi schaffen wir es ›Ein Brot, bitte‹ auf Georgisch zu sagen, und entlocken der Bäckersfrau damit das erste Lächeln. Sie ist nicht einfach, diese Sprache. Sie bereitet uns viel Kopfzerbrechen, aber noch viel mehr Freude. Die einzelnen Worte mit den verschiedenen Lauten auszusprechen ist eine große Herausforderung. Viele Laute werden hinten im Hals gerollt und halb geröchelt. Wir haben viel Spaß dabei, von der bezaubernden Maka, der Tochter unserer Gastmutter, immer wieder in der georgischen Sprache unterrichtet zu werden. Wir lernen erst eine Handvoll Worte, dann noch eine, und mittlerweile besteht unser Vokabular hauptsächlich aus Ortsnamen und natürlich den Begriffen für die Köstlichkeiten der georgischen Küche. Diese können wir alle hervorragend aussprechen, besonders unsere Lieblingsgerichte wie Khinkali. Dabei handelt es sich um Teigtaschen, die mit Hackfleisch, Kartoffeln, Pilzen oder Käse gefüllt sind. Überhaupt ist Käse überall in Georgien zu finden. Alles ist mit hausgemachtem Käse gefüllt oder überzogen. Wir sind kulinarisch in unserem Element. Jeden Abend bekocht uns Maka aufs Köstlichste und bald schon muss ich abwinken, wenn sie uns schon am Nachmittag selbstgebackenen Kuchen hinstellt. Meine Wanderhosen werden langsam eng.

Und dann gibt es da noch einen unerwarteten roten Faden, der sich durch unsere Zeit in Lagodekhi zieht: Am ersten Tag gehen wir zur Rangerhütte am Eingang des Nationalparks, um uns Informationen über die Wanderwege einzuholen. Wir wollen auch herausfinden, ob wir im Park zelten dürfen. An der Hütte lernen wir einen Ranger kennen, der uns immer wieder begegnen wird. Sein Name ist Zaza, aber zu meiner Erheiterung tauft Gwill ihn sofort auf Zabedi um. Zaza spricht Englisch, gibt uns sämtliche Informationen über den Nationalpark, alle Wanderwege, die Wettervorhersage und so weiter und so fort. Er spricht ununterbrochen, und seine Sätze haben weder Anfang noch Ende – und irgendwie auch keine Mitte. Eine Unterhaltung mit ihm sieht in etwa so aus:

»Zaza, ist es möglich im Nationalpark wild zu zelten?«

»Nein, es ist strengstens verboten zu zelten … Auf keinen Fall dürft ihr dort zelten … Es gibt einen Zeltplatz hier an der Rangerhütte … Und warum nicht zelten im Park? Weil da viele alte Bäume sind, die jederzeit umstürzen können … Und der Wind kann hier so stark werden …

unglaublich stark … es ist gefährlich … und es ist steil überall … zu steil zum Zelten … Also hier auf diesem Wanderweg …«, er zeigt auf die Karte, »… hier ist es schön flach, und hier ist es auch schön eben … hier kann man zelten … aber nein, man darf nicht zelten im Nationalpark … es ist zu gefährlich.«

Puh, mir wird schon beim Zuhören angst. Doch mehr deshalb, weil ich Mühe habe, seinem zügigen Tempo auf Englisch zu folgen, das einen starken Akzent hat, und weniger davor, dass ich mir um herabfallende Äste Gedanken gemacht hätte. In Zazas Welt ist alles möglich, aber auch unmöglich zur selben Zeit.

Als wir am nächsten Tag auf dem Zeltplatz am Eingang des Parks unser Zelt aufschlagen, weist uns Zaza wiederholt darauf hin, dass wir keinesfalls unsere Sachen im Zelt lassen sollen, während wir wandern gehen. Wir finden das sehr ungewöhnlich, da wir noch nie erlebt hatten, dass jemand an unseren alten Schlafsäcken oder schmutzigen Socken Interesse gezeigt hätte. Offensichtlich hatte mal vor Jahren jemand an einem Zelt rumgeschnüffelt, und der besorgte Ranger ist davon geprägt. Er fühlt sich für alles, was sich im Nationalpark abspielt, persönlich verantwortlich und kommandiert die anderen Ranger, die kein Englisch sprechen, herum. Er ist – kurz gesagt – ein sehr merkwürdiger Typ, und es ist eine Herausforderung, eine klare Aussage von ihm zu bekommen.

»Können wir morgen die Wanderung zum kleinen Wasserfall machen?«, fragen wir ihn am nächsten Tag.

»Ja, also diese Wanderung ist nicht so schwierig, also größtenteils, sie ist als leicht eingestuft, aber dann der letzte Teil, der ist schwierig, also sehr schwierig, er ist steil … Hände und Füße muss man nehmen, und man kann auch mal abrutschen … Aber nur das letzte Stück, der Rest ist leicht. Also bis auf die Flussüberquerung, aber die ist nur schwierig, wenn das Wasser hoch ist, also nach viel Regen … Aber morgen soll es trocken sein … Also es ist auch heute trocken und gestern war es auch trocken … Aber es kann auch überraschend in der Nacht regnen und dann schwillt der Fluss an …«

So geht das immer weiter.

Gwill und ich haben unseren Spaß daran, ihn zu imitieren, wenn wir uns unterhalten. Und das Kuriose ist, dass wir ihm in den zwei Wochen, in denen wir in Lagodekhi sind, überall begegnen. Gwill braucht nur mal Brot kaufen zu gehen, und er sieht ihn vor dessen Haus. Wir drehen eine Runde in der Stadt, und Zaza ist da, es ist sein freier Tag. Es ist belustigend, wie oft wir ihn unerwarteterweise treffen, und immer wundert er sich, dass wir noch hier sind – da doch die meisten Touristen nur ein paar Tage, höchstens eine Woche bleiben. Das war auch unser Plan, doch das Schicksal will es anders.

Auf unserer ersten Wanderung zu eben jenem kleinen Wasserfall, zu dem wir Zaza befragt hatten, verstauche ich mir auf dem Rückweg durch den tropisch anmutenden Regenwald den linken Knöchel. Ich bin frustriert, da wir nun erstmal nicht mehr wandern können und es sonst kaum Möglichkeiten gibt, sich in dem 6000 Seelen Städtchen die Zeit zu vertreiben. Gwill sieht es glücklicherweise gelassen.

Nach ein paar weiteren Tagen bei unserer herzlichen Gastfamilie zieht es uns trotzdem wieder hinaus in die Natur. Da ich mit meinem verstauchten Fuß nur schwer lange Strecken laufen kann, beschließen wir, uns einen Zeltplatz zu suchen. Wir finden einen wunderschönen Ort mitten im Wald, ganz anders als der Campingplatz unter

Zazas Regie, auf dem nur wenige Bäume stehen. Er ist traumhaft ruhig und bei dreißig Grad Lufttemperatur genau der richtige Ort, um in der Hängematte zu entspannen, die Seele baumeln zu lassen, und beim Lagerfeuer die Sterne anzuschauen.

Wir haben das Glück, den Zeltplatz nur mit einer einzigen anderen Familie zu teilen. Irina, Alexander und deren Kinder Michail und Anna waren vor sechs Jahren aus Russland nach Georgien ausgewandert, hatten in Tbilisi ein Haus gebaut und nun beschlossen, über die Sommerferien der drückenden Hitze der Stadt zu entfliehen. Sie sind bereits seit einigen Wochen auf diesem Zeltplatz. Die Eltern haben ihre Laptops dabei und können so von der überdachten Terrasse aus arbeiten.

Gleich nach unserer Ankunft lädt uns die Familie zum gemeinsamen Abendessen ein. Wir nehmen hocherfreut an: Es gibt köstliche russische Spezialitäten und wir wähnen uns erneut im Paradies. Alexander ist Komponist und Jazzmusiker, hat jedoch, seitdem sie nach Georgien ausgewandert sind, nicht mehr komponiert. Er sagt uns, die Muse hätte ihn nicht mehr geküsst. Aber ich frage mich, ob vielleicht Sehnsucht nach seinem Heimatland dahintersteckt.

Irina hatte als Simultanübersetzerin für Englisch in der britischen Botschaft in Moskau gearbeitet. Sie erzählt uns, dass sie beide die politische Situation unter dem russischen Präsidenten Wladimir Putin nicht mehr ertragen hatten: Keine Meinungsfreiheit, keine Pressefreiheit. Wir fragen sie, wie oft sie nach Russland reisen, um ihre Familie zu besuchen.

»Wir waren in den sechs Jahren noch kein einziges Mal wieder in Russland. Was sollen wir da? Wir wollen da nicht mehr sein«, antwortet Alexander beinahe entrüstet.

Es war Irinas Idee gewesen, nach Georgien zu kommen. Hier war es nicht nur landschaftlich schön, sondern für ihre Standards auch preiswert. Darüber hinaus können sie sich ein Haus leisten, was sie zum ständigen Aufenthalt in Georgien berechtigt.

Alexander strahlt, als wir über die niedrigen Preise im Land sprechen: »Hier bekommt man Chacha für zwei, drei Euro die Flasche. Das ist unglaublich.« Doch er hat aufgehört, den georgischen Tresterschnaps zu trinken, kostet auch nichts von dem hausgemachten Wein, den sie uns später aus Tbilisi mitbringen. Ich kann ihn mir vorstellen, als Künstler und Komponist in Russland. Wie er dagesessen haben mag, in einem alten Ledersessel, gedankenversunken Wodka trank und komponierte. Nun hat er eine Frau, die mindestens zehn Jahre jünger ist als er, und zwei Kinder – das hält ihn auf Trab. Und er ist in einem anderen Land.

Die beiden Erwachsenen sprechen kein Georgisch, obwohl sie seit bereits sechs Jahren hier leben. Irina hat nun begonnen, die georgische Sprache zu lernen, doch Alexander sagt, er kann mit dieser Sprache nichts anfangen. Die Kinder dagegen lernen es in der Schule und von ihren Spielkameraden. Sie freuen sich wie Schneesieber, als wir ihnen erzählen, dass wir gerade das georgische Alphabet gelernt haben. Nun fragen sie uns ab: nach den einzelnen Buchstaben, Wörtern und ihrer Aussprache. Es ist eine Herausforderung für uns, aber ich glaube, wir schlagen uns ganz gut. Die Kinder freuen sich darüber, mal andere Gesellschaft zu haben. Wochenlang waren die vier ganz allein auf dem Zeltplatz. Die Saison ist ruhig, da es durch die Auswirkungen der Corona Pandemie noch immer nur wenige Touristen ins Land zieht. Und die Georgier, na die Georgier, die zelten nicht gern. Die können damit nicht viel anfangen. Warum draußen schlafen, wenn es doch drinnen so gemütlich ist. Ich glaube, für uns wird dieser Gedanke auch noch kommen. Wenn dann der kalte georgische Winter anbricht.

Irina ist unglaublich großzügig. Sie lädt uns jeden Abend zum Essen ein, hört nicht auf unsere Proteste, und als sie für einen Tag nach Tbilisi zurückkehren, bringt sie georgische Spezialitäten wie Wein, Käse und Churchuela, mit Traubensaft überzogene Walnüsse, für uns zurück. Irina besteht darauf, dass wir nichts davon bezahlen. So lernen wir in Georgien sogar die russische Gastfreundschaft kennen und schätzen.

Die Tage gehen vorbei wie im Flug. Während Gwill noch schläft, verbringe ich die Morgen in der Hängematte, lese, meditiere und mache Dehnübungen für meinen Knöchel, der sich gut erholt. Hinter unserem Zeltplatz ist ein kleiner Fluss, der gerade genug Wasser führt, dass wir am Nachmittag darin baden können. Wir bauen einen Damm und genießen die Ruhe und Einsamkeit. Abends sitzen wir am Lagerfeuer, schauen in die Sterne und lauschen dem Geheul der Schakale. Doch nach zehn Tagen werden wir unruhig, wir wollen wieder wandern, mehr vom Land sehen und beschließen, Richtung Norden zu reisen, in der Hoffnung, dass mein Knöchel so weit geheilt ist.

Auf dem Weg nach Kazbegi –
Zwischenspiel in Tbilisi

Immer wieder bekommen wir Wein geschenkt – geschätzt um die 30 Liter in den fünf Monaten, die wir in Georgien verbringen. Selbst in den ungewöhnlichsten Situationen beeindrucken uns die Georgier mit ihrer Lebensfreude, ihrer Lust zu teilen und uns das Beste von ihrem Land zukommen zu lassen: Und das beste Gut ist unbestritten der Wein.

In Tbilisi haben wir uns auf der Durchreise ein winziges Apartment gemietet. Es ist nahe am Bahnhof, von dem aus wir früh am nächsten Morgen nach Kazbegi im Großen Kaukasus weiterfahren wollen. Es ist ein heißer sonniger Tag, fast unerträglich schwül, und das Apartment ist im Erdgeschoss und sehr dunkel. Nachdem wir die letzten Tage gezeltet haben, fühle ich mich erschlagen von der Dunkelheit und Enge unserer kleinen Behausung.

Dazu kommt, dass vor der Tür eine Gruppe älterer Männer auf improvisierten Bänken und Tischen Karten spielen. Um unsere Wäsche in den Hof zu hängen, muss ich mehrmals an ihnen vorbei, und fühle mich unwohl. Nun, denke ich mir, ich geh mal in die Offensive. Ich spreche sie an und komme sofort mit ihnen ins Gespräch. Also ein Gespräch mit Händen und Füßen, doch nichtsdestotrotz wird gleich viel gelacht. Als ich sage, ich liebe georgischen Wein – das hatte ich gelernt auf Georgisch zu sagen, weil es immer gut ankam, und natürlich die Wahrheit war – bringt mir einer der Männer sofort eine Flasche Rotwein und übergibt sie mir mit einer kleinen Verbeugung. Ich bin erstaunt. Zum einen über mich selbst, weil ich solche Vorurteile gehabt hatte, und mich eigentlich von den Männern hatte fernhalten wollen. Zum anderen über die Georgier, die in jedem noch so unpersönlichen Winkel ihres Landes einen guten Eindruck auf ihre Gäste machen wollen. Ach, es ist ein wunderbares Land. Ich fühle mich sofort besser und beschließe mal wieder, mich nicht vom ersten Eindruck täuschen zu lassen.

Im Grossen Kaukasus

Begegnungen in Kazbegi (Stepantsminda)

Am nächsten Nachmittag, einem trüben Tag Anfang August, erreichen wir Kazbegi nach einer sechsstündigen Fahrt mit einer der ›Marschrutkas‹, den typischen kleinen Überlandbussen Georgiens. Die dreistündige Fahrt von Tbilisi war aufregend. Es gab viel zu sehen, als der Bus sich die gut ausbaute Heerstraße entlangwand.

Nun ist es später Nachmittag und eine Gewitterfront zieht herauf. Wir schaffen es gerade noch in unser Gästehaus, bevor auch schon die ersten Tropfen fallen. Unsere Unterkunft liegt ganz oben am Berg. Von unserem Zimmer haben wir einen wunderschönen Blick auf die Gergeti Dreifaltigkeitskirche, die eindrucksvoll vor dem Berg Kazbeg thront. Ich liebe diesen Blick und werde nie müde, den Berg mit der Kirche obenauf anzuschauen. Ständig verändern sich die Wolken- und Lichtformationen, dann scheint wieder die Sonne oder es gewittert.

Unser Zimmer ist gerade groß genug für ein Doppelbett, und die ganze Länge des Zimmers ist verglast, sodass ich vom Bett aus den herrlichen Blick genießen kann. Immer wieder rufe ich mir ins Bewusstsein, wie privilegiert wir sind, hier zu sein. Für das Zimmer mit dieser fantastischen Aussicht bezahlen wir umgerechnet nur schlappe sieben Euro pro Nacht. Wären wir in den Alpen, würde es wahrscheinlich mindestens das Zehnfache, wenn nicht sogar das Zwanzigfache kosten.

Nachdem wir am ersten Tag die Ortschaft sowie die Kirche und deren Umgebung erkundet haben, beschließen wir, für die restliche Zeit Tageswanderungen zu unternehmen. Wir sind aufgeregt und glücklich, dass es hier im Kaukasus kühl genug ist, um Wanderungen zu unternehmen, und vor allem, dass es meinem Knöchel wieder so gut geht.

Am Donnerstag früh wache ich auf und schaue hippelig zu Gwill hinüber. Der sieht mich schon mit großen Augen an. »Nanu«, denke ich, »normalerweise bin ich doch immer die Erste von uns beiden, die aufwacht.«

Gwill stöhnt leise: »Ich fühle mich total schwach, habe die ganze Nacht nicht geschlafen, und die meiste Zeit auf dem Klo verbracht.«

Oh nein, er hat sich wohl den Magen verstimmt. Den Rest des Tages schläft er tief und fest, doch ich bin nun wirklich ungeduldig und weiß nicht so richtig, wohin mit mir in unserem kleinen Zimmer, beziehungsweise der kleinen Terrasse, die wir auch mit anderen Gästen teilen. So verbringe ich den Tag damit, unseren Reiseführer zu studieren, mit meiner Familie zu telefonieren und in Kazbegi herumzulaufen. Ich beschließe spontan, am nächsten Tag einen Ausflug mit einem kleinen Reiseunternehmen zu machen. Vielleicht würde ich ja da auch ein paar andere Leute treffen. Ich sehne mich nach Abwechslung, und vor allem wünsche ich mir, tiefer in die Kultur Georgiens einzutauchen. Die liebenswürdige Dame, die unser Gästehaus führt, spricht leider kein Englisch, und obwohl wir uns über alles Praktische mit Hilfe des Google-Übersetzers verständigen können, reicht das natürlich nicht aus, um intensive Gespräche zu führen. Dankbar bin ich trotzdem für die Übersetzungs-App, ist es doch das erste Mal auf meinen Reisen, dass ich diese anwenden kann. Wenn die Verständigung mit Händen und Füßen nicht mehr gelingt, ist das immer eine gute Option.

Am Freitag nun sollte mir das Schicksal mal wieder ein Geschenk bringen. Die einzigen beiden Begleiter auf der Halbtagestour zum Gveleti Wasserfall und einem Kloster kurz vor der russischen Grenze in der Darial Schlucht sind zwei bezaubernde Georgierinnen Anfang zwanzig, die beide sehr gut Englisch sprechen. Nino und Tako sind Studentinnen aus Tbilisi, die in den Semesterferien Ausflüge machen, um ihr Land kennenzulernen. Sie haben offene Gesichter und sind gespannt auf meine vielen Fragen über ihr Land, und auch darauf, von mir zu erfahren, wie das Leben in Deutschland beziehungsweise England ist. Darüber hinaus haben die beiden einen gewitzten Humor, und wir lachen viel in den langen Unterhaltungen, die wir während des Ausflugs führen.

Nach unserer Ausfahrt lade ich die beiden in das einzige Lokal ein, das ich in Kazbegi kenne. Es ist eine kleine Gaststätte in einem Hinterhof, mit einfachen Plastiktischen und –stühlen. Eigentlich nichts Besonderes, doch der charmante englischsprechende Kellner sowie die hervorragende Hausmannskost samt selbstgemachtem Rotwein machen jede Mahlzeit dort zu einem Erlebnis.

Hocherfreut nehmen Nino und Tako die Einladung an und bleiben erst recht, als ein ordentliches Sommergewitter uns unter den großen Sonnenschirmen zusammenrücken lässt. Auch Gwill gesellt sich am späten Nachmittag zu uns, und ich bin froh, dass es ihm wieder besser geht.

Wir unterhalten uns über georgische Politik, das Gesundheitssystem und die Nebenjobs der beiden Studentinnen. Um ihr Studium zu finanzieren, arbeitet Nino dreimal wöchentlich nachts in einem Online-Kasino. Dort ist sie für das Mischen und Austeilen der Karten zuständig und die Teilnehmer sehen sie sozusagen auf ihren Computerbildschirmen von daheim. Bis dahin hatte ich keine Ahnung, dass so etwas überhaupt existierte.

Nino erzählt: »Ich brauche das Geld zum Leben, da ich sowohl für das Studium als auch für meinen Lebensunterhalt aufkommen muss. Meine Eltern verdienen nicht genug und das Stipendium, das ich für gute Lernleistungen bekomme, reicht nicht aus. Ich weiß noch nicht, was ich danach beruflich machen will. Die wirtschaftliche Lage in unserem Land ist so schlecht, dass ich nicht glaube, dass ich genug Geld verdienen werde, um über die Runden zu kommen. Erstmal will ich auf jeden Fall ins Ausland gehen, am liebsten in die Schweiz.«

Ich bin beeindruckt von Ninos Reiselust, spiegelt sie doch meine eigene wider. Aber ausgerechnet in die Schweiz, eines der teuersten Länder Europas? Ich erzähle ihr von WorkAway, einem Online-Portal für Arbeit gegen Kost und Logis, welches Arbeitsmöglichkeiten auf der ganzen Welt vermittelt: »Besonders in einem so teuren Land wie der Schweiz wäre das doch die ideale Möglichkeit, viel Zeit ohne große Kosten zu verbringen. Ich habe das in Island gemacht, einem Land, das für mich als Deutsche unwahrscheinlich teuer ist, und habe die Freiwilligenarbeit sehr genossen.«

Mit großen Augen schauen die beiden jungen Frauen mich an. Sie lieben die Idee und speichern sich die Seite in ihrem Handy ab.

Wir sprechen auch über die Wirtschaft in Georgien. Die beiden winken ab, als ich sage, dass es doch schwer sein müsse, in manchen Gegenden des Landes Arbeit und ein Auskommen zu finden. »Viele wollen gar nicht arbeiten«, sagt Tako und schaut mich an wie jemand, der schon alle Ausreden gehört hat, obwohl sie doch selbst erst neunzehn Jahre jung ist. »Sie haben ein Haus von ihren Eltern geerbt, haben vielleicht ein Familienmitglied, das im Ausland gutes Geld verdient und in die Heimat schickt, und sind zu faul, selbst ein Auskommen zu finden.« Die Studentin klingt empört, als sie das sagt, und vielleicht auch enttäuscht von ihren Landsleuten.

Doch was sie mir erzählt, wird sich auch in anderen Regionen von Georgien bestätigen. In Swanetien beispielsweise berichtet mir Karina, eine junge deutsche Frau, die einen Swanen geheiratet hatte, dass viele Georgier von dem staatlichen Zuschuss leben, den sie hier in einer der ärmsten Gegenden des Landes bekämen. Mit einem Haus und einem bisschen Land, auf dem Gemüse und Obst angebaut wird, braucht man nicht viel. Dazu kommt, dass Wasser und Strom in Swanetien kostenlos sind. So unterstützt der Staat die Menschen in dieser ländlichen Region. »Dann brauchen viele nur ein bisschen Geld für Benzin, Zigaretten und vielleicht Wein und Chacha, wenn sie diesen nicht ohnehin selber brennen«, sagt Karina und zuckt mit den Schultern.

Natürlich bedenkt diese Einschätzung nicht, dass Georgien kein umfassendes Gesundheitssystem hat, so wie das in Deutschland der Fall ist. Zum einen fehlt ein gut ausgebautes Rettungs- und Notfallmedizinsystem, zum anderen gibt es keine staatliche Gesundheitsversicherung, die alle Bürger dazu verpflichtet, sich im Rahmen ihrer finanziellen Mittel zu versichern. Es gibt kostenlose Krankenversicherungen für Haushalte unter der Armutsgrenze, die jedoch nur wenige Dienstleistungen abdecken. Außerdem bietet der Staat subventionierte Krankenversicherungen an, die sehr günstig sind; der Rest ist durch private Krankenversicherungen abgedeckt. Doch nicht jeder Georgier leistet sich eine von beiden. Dadurch können schwerwiegende Erkrankungen katastrophale finanzielle Auswirkungen haben. Oft verkaufen die Menschen dann ihr Haus oder Auto, um medizinische Dienstleistungen oder Medikamente bezahlen zu können.

Doch zurück zu Nino und Tako. Das Besondere an den beiden hübschen Studentinnen ist, dass sie von Tbilisi – wo sie studieren – nach Kazbegi in den Urlaub gekommen sind, um ihr Land kennenzulernen. Sie sind einige der wenigen Georgier, die wir treffen, die nicht nur neugierig auf ihr eigenes Land sind, sondern es sich auch anschauen. Erzählen werden uns alle von ihrer Heimat, und dessen Schönheit, ausnahmslos alle. Aber wirklich gesehen hat das Land kaum ein Georgier.

Das ist umso amüsanter, als dass sie stets betonen, wie wunderschön ihr Land sei. Wenn wir zum Beispiel erzählen, dass wir erst nach Kazbegi fahren, dann nach Swanetien und später nach Borjomi, nicken uns die Georgier wissend zu und sagen: »Ja, da müsst ihr unbedingt hin! Es ist unbeschreiblich schön dort.«

Glücklich, vermeintlich jemanden gefunden haben, der schon einmal dort war und uns Empfehlungen geben kann, fragen wir: »Toll, dass du das sagst! Welche Straße hast du denn dahin genommen? Wo hast du übernachtet?«

Die Antwort darauf lautete immer: »Nein, ich war doch noch gar nicht dort! Aber ich habe schon Bilder davon gesehen. Also, das kann ich nur empfehlen. Georgien ist wirklich wunderschön!«.

Doch sind die Georgier nicht nur fest davon überzeugt, dass sie in einem landschaftlich faszinierenden Land leben, sie haben außerdem eine tiefe Liebe zu ihrem Land, einen gesunden Patriotismus, den ich in dieser Form von keiner anderen Nation kenne. Für die Georgier ist es ein Glück, Georgier zu sein, trotz allen Schwierigkeiten, die das Leben in ihrer Heimat so aufwirft. Es ist faszinierend für mich und sehr beeindruckend. Und natürlich ist es etwas, das ich in meinem eigenen Land vermisse.

Blick von unserer Unterkunft auf den Berg Kazbeg und die Gergeti Dreifaltig-keitskirche

Wehrtürme in Adishi, Swanetien

Swanetien, Mestia

Eine Tagesreise entfernt von Kazbegi liegt in der Region Swanetien der Touristenort Mestia. Am Fuße der Berge des Großen Kaukasus lernen wir kurz nach unserer Ankunft einen jungen Georgier kennen. Beka ist siebzehn Jahre jung, hochgewachsen, mit kohlrabenschwarzem Haar und neugierigen Augen. Er spart sein Geld, um die Welt zu bereisen, wenn er mit der Schule fertig ist. Sowohl Gwills als auch mein Heimatland stehen auf Bekas Liste von Ländern, die er erkunden möchte. Als der junge Mann erfährt, woher wir kommen, ist er sofort Feuer und Flamme und erzählt uns begeistert, dass er Deutschland und England liebe. Wir treffen ihn in einem Museum in einem der über eintausend Jahre alten Wehrtürme, der sich im Besitz seines Onkels befindet. Da sein Onkel kein Englisch spricht, springt Beka ab und zu ein und führt Touristen durch das ›Machubi‹, die fensterlose Hausfestung der Swanen, welche über einen Gang mit dem Wehrturm verbunden ist. Es ist kalt und dunkel darin. Hierher zogen sich die Swanen, die Einwohner Swanetiens, nicht nur bei einem Angriff, sondern auch im Winter zurück. Zudem wurde das Vieh in diesem Raum untergebracht, sodass hier trotz Minusgraden wohlige Wärme herrschte.

Der Wehrturm, den wir zuvor angeschaut hatten, wurde von einem Geschwisterpaar unter Anleitung eines Bauleiters gebaut. Er ist schmal und sehr hoch, mit vier Etagen, in denen sich im Sommer das Leben abspielte. Als Fenster dienten winzige Schießscharten, sodass es nicht wirklich hell darin wurde. Beka erzählt uns, dass im zweiten Stock früher die jung verheirateten Paare untergebracht wurden. Erst wenn sie eigene Kinder hatten, zogen sie in eine andere Unterkunft. Ich runzele die Stirn, als ich mir das vorstelle. Kinder zu zeugen wäre das Letzte, das mir in diesem Raum einfällt, zumal man – um ihn zu betreten – am ersten Stock vorbei muss, in welchem aus Respekt vor Dali, der Schutzgöttin der Jagd, Ziegenknochen in einem großen Haufen aufgeschichtet liegen.

Wir werden noch einmal zurückkommen zu diesem geschichtsträchtigen Ort, und zwar genau 12 Stunden später. Beka wird uns kurz vor Mitternacht mit hinaufnehmen, auf das Dach des Wehrturmes, und wir werden Mestia von oben sehen, ins Licht des hellen Vollmondes getaucht. Im Hintergrund erheben sich die mächtigen Berge des Kaukasus und von hier oben kann man die gesamte Stadt überblicken. Na klar, Angreifer von hier oben auszumachen war ein Leichtes, vor allem, weil die Stadt damals noch nicht so dicht besiedelt war. Außerdem schufen die Wehrtürme ideale Voraussetzungen, um feindliche Truppen abzuwehren. Sie waren aus Stein gebaut, konnten also, genau wie die ›Machubi‹ nicht angebrannt werden, und von ihren schmalen Schießscharten aus konnte man sich verteidigen, ohne angreifbar zu sein. Jede Familie hatten einen eigenen ›Koschka‹, wie die Wehrtürme auf Swanisch heißen.

Über die Jahrhunderte versuchten Völker aus dem nördlichen Kaukasus immer wieder Georgien einzunehmen. Doch das zähe Bergvolk der Swanen hielt vielen Angriffen stand. Die Wehrtürme schützten übrigens nicht nur vor einfallenden Völkern von außen, sondern auch vor Feinden in ihren eigenen Reihen beziehungsweise der Nachbarsippe, da Blutrache in Swanetien verbreitet war und bis in jüngste Zeiten noch praktiziert wurde. Diese konnte teilweise mehr Opfer fordern als ein Krieg mit Fremden.

Nach der Führung fragt uns Beka, ob wir nicht später mit ihm zu Abend essen möchten. Gwill und ich nehmen das Angebot sofort und dankbar an. Für uns ist es immer etwas Besonderes, wenn sich Georgier Zeit für uns nehmen, und ganz speziell, wenn sie so gut Englisch sprechen wie Beka. Auch an den folgenden Tagen unternehmen wir viel mit dem jungen Mann, gehen gemeinsam zu Abend essen, laufen zu einer Mineralquelle am Rande der kleinen Stadt und besuchen das Kino. Beka hat Freude daran, Zeit mit uns zu verbringen. Es bringt Abwechslung in seine Ferien, die er mit seinem Vater in Mestia verbringt. Auch Gwill und ich haben viel Spaß mit ihm. Er bringt uns zum Lachen mit seinen englischen Ausdrücken, die er in amerikanischen Filmen gehört hat. ›It was a blast‹, also auf Deutsch: ›Es war ein Wahnsinnsspaß‹ ist einer der Ausdrücke, die er beim Abschied am liebsten verwendet. Gwill und ich hauen uns ab vor Lachen, wenn Beka mit solchen Begriffen kommt, die er mit Ausdruck und tiefster Überzeugung vorträgt wie ein Schauspieler, der zeigen will, wie gut er seinen Text gelernt hat. Wir werden später in Tbilisi noch viel Zeit mit Beka und seiner Familie verbringen. Er ist wirklich ein Geschenk des Himmels.

Beim Abendessen erzählt uns Beka die Geschichte eines Wehrturms in einem Dorf in der Nähe von Mestia, in dem in den 1890ern wohl dreißig Frauen, Kinder und alte Menschen allein die Stadt gegen dreitausend russische Soldaten verteidigt hätten. Solche Geschichten über die Swanen hören wir immer wieder. Geschichten über ihre Kampfeslust, ihren Mut, ihren absoluten Drang zur Freiheit und Unabhängigkeit. Sie sind ein zähes Volk, die Swanen. Sie lächeln kaum, wenn wir ihnen begegnen, besonders die Swanen, denen wir später in Ushguli begegnen werden. Man kann sehen, dass sie ein ganz anderer Schlag Mensch sind als die restlichen Georgier. Ihre Gesichtszüge sind markant – und irgendwie kann ich mir gut vorstellen, dass sie schon viel erlebt haben, die vergangenen Generationen dieses Volkes.

Als ich Gwill erzähle, dass Usghuli übersetzt ›Herz, das keine Angst hat‹ bedeutet, grinst er und sagt: »Ja, und dazu kommt noch ›Gesicht, das kein Lächeln hat‹. Wir müssen lachen, aber es ist schon anders, hier zu sein. Wir fühlen uns hier nicht ganz so herzlich aufgenommen wie in den anderen Regionen Georgiens.

Swanetien, Ushguli

»Was soll eigentlich der Sinn darin sein, hohe Berge zu besteigen?«, frage ich mich zwei Wochen später, als ich den langen steilen Weg hinauflaufe, der immer schmaler wird. Dies ist unsere zehnte Wanderung im Kaukasus. Wir hatten schon so viele Berge bestiegen in der letzten Zeit, und besonders in der letzten Woche. Morgens rauf, am Nachmittag wieder runter. Am nächsten Tag das Gleiche. Nach sechs Tagen bin ich so erschöpft, dass mein Körper einfach nachgibt. Mir ist schwindlig, ich habe keine Kraft mehr, meine Beine wollen mich nicht mehr tragen. Wir legen einen Tag Ruhepause ein, lesen viel, telefonieren mit Freunden, schauen die Berge von unten an.

Nun ist ein neuer Tag, es ist acht Uhr morgens. Die Sonne scheint, die Hunde bellen unaufhörlich, wie überall in Georgien, und ich fühle mich wieder gut und kraftvoll. Fünf Stunden später stehe ich, gemeinsam mit Gwill, auf dem Gipfel des Hausberges von Ushguli, und freue mich meines Lebens. Ich stoße einen Jauchzer aus. Einen Jauchzer des Glücks – Glück darüber, dass ich hier bin im wilden Kaukasus. Um mich herum sehe ich weiße Gletscher und darunter grüne Bergflanken. Der Himmel ist wolkenverhangen, aber der kräftige Wind bläst die Wolken durch, und zwischendrin sehe ich immer wieder das Blau des weiten Himmels. Es ist ein unglaubliches Farbenspiel, Licht und Schatten kreuzen sich, ich liebe es. Nie hätte ich gedacht, dass der Kaukasus mich so in seinen Bann ziehen würde.

Gwill und ich sind nach Georgien gekommen, weil wir Abenteuer erleben wollten. Wild zelten, in Flüssen baden, die Menschen kennenlernen, das köstliche Essen genießen, und guten Wein trinken. Georgien hat bis jetzt schon alle unsere Erwartungen übertroffen. In jeder Hinsicht. Die Menschen sind warm und aufgeschlossen, die Gastfreundschaft ist einfach bezaubernd. Wir haben in den letzten sechs Wochen viel Zeit mit Georgiern verbracht, selbst gemachten Chacha und hausgemachten Rotwein getrunken. Teilweise mit guter Verständigung, weil wir das Glück hatten, Georgier zu treffen, die ausgezeichnet Englisch sprachen. Teilweise mit improvisierter Kommunikation mit Händen und Füßen, ohne dass einer die Sprache des Anderen konnte. Doch Wein und georgischer Grappa verbinden über Sprachbarrieren hinweg. Und natürlich das Lachen und der Wille, den Anderen zu verstehen.

Georgien ist einfach umwerfend, ich weiß jetzt schon, dass ich wiederkommen werde. Und Gwill geht es genauso. Wir haben geplant, vier oder fünf Monate hier zu verbringen, durchs Land zu reisen, so viel zu sehen, wie wir können, aber trotzdem so langsam wie möglich zu reisen. Wir wollen alles in uns aufsaugen, jeden Tag genießen und uns überall ein wenig einleben.

Vor zwei Tagen sind wir im Dorf Ushguli angekommen. Die Wanderung von Mestia hierher war unsere erste mehrtägige Fußreise. Doch nicht nur die atemberaubende Natur beeindruckte uns. Wir sind beim Mittagessen von neugierigen Kühen überrascht worden, die über unser gesamtes Gepäck trampelten, wateten durch eiskalte wilde Gletscherflüsse, die uns fast wegspülten und genossen einzigartige Aussichten auf eine Gewitterfront, die uns beinahe oben auf dem Gipfel eingeholt hätte.

Auch unsere Unterkunft in Ushguli ist einmalig. Einmalig auf eine etwas andere Art. Die Räume sind ganz mit Holz ausgekleidet, sehr gemütlich, und der Blick aus dem Fenster beglückt mich nicht nur am Abend. Wir schauen über die Wehrtürme des unteren Dorfes, und die Sonne geht genau dahinter unter. Fast jeden Abend dränge ich Gwill darauf, unser Abendessen so zu planen, dass wir zum Sonnenuntergang zurück in unserem Zimmer sind.

Doch gibt es im Leben ausgleichende Gerechtigkeit. Manchmal. Dieses Zimmer ist so ein Fall. Die Wände sind dermaßen dünn, dass ich das Gefühl habe, unsere Zimmernachbarn sitzen bei mir auf dem Schoß, wenn sie sich nebenan unterhalten. Eines Nachts wecke ich Gwill auf, weil ich glaube, dass er schnarcht. Doch das Geräusch hört nicht auf. Es stellt sich heraus, dass es unser Nachbar ist, der diese lauten Geräusche von sich gibt und es klingt, als würde er direkt neben mir liegen. Ich muss schmunzeln, schließe die Augen wieder und falle zurück in meinen Halbschlaf.

Eines Nachts gibt es ein wahnsinniges Gewitter. Ein Gewitter in den Bergen, das ist etwas völlig anderes, als ich es aus der Stadt gewohnt bin. Mehrere Stunden lang toben Blitz und Donner direkt über uns. Es sieht irre aus. Ich stehe immer wieder auf, um aus dem Fenster zu schauen, und sehe fasziniert den Blitzen zu, wie sie in der Ferne zwischen den Bergen den Nachthimmel erleuchten.

Nach ein paar Stunden drehe ich mich auf die andere Seite und fühle plötzlich, dass mein Bett nass ist. Ich kann das erst gar nicht einordnen, bemerke aber dann, dass Wasser von der Decke genau auf mein Kopfkissen tropft. Damit wird mir auch klar, warum das Bett etwa einen Meter von der Wand entfernt gestanden hatte, als wir eingezogen waren, und ich muss lachen. Mein Ordnungssinn bewog mich dazu, das Bett genau in die Ecke an die Wand zu rücken – das hatte ich nun davon. Da das Dach undicht war, tropfte es nun in mein Bett. Was für eine Nacht!

Auch sonst ist es ein wenig anders in Ushguli. Die Herzlichkeit, die wir sonst überall in Georgien vorfinden, fehlt uns in diesem Ort. Wir fühlen uns nicht so recht willkommen, als wäre es egal, ob wir hier sind oder nicht. Dabei verhält es sich natürlich genauso. Und doch geben uns viele Georgier das Gefühl, dass es eine Bereicherung für sie ist, wenn wir da sind und sie ihren Alltag für eine kurze Zeit mit uns teilen. Das mag naiv klingen, ist das doch die Aufgabe eines jeden guten Gästehausbesitzers. Dennoch fühle ich immer wieder, dass die Wärme uns gegenüber von Herzen kommt.

In Ushguli haben wir dieses Gefühl nicht, und ich tue mich schwer damit. Doch ich verstehe den jahrhundertelangen Drang der Swanen, diesem eigensinnigen Bergvolk, nach Freiheit und Unabhängigkeit innerhalb Georgiens. Zumal sie diesen Kampf immer noch führen, er ist längst nicht Teil der Vergangenheit. Die Regierung Georgiens plant den Bau zweier großer Staudämme in Swanetien. Dafür müssten mehrere bewohnte Täler geflutet werden. Die Swanen haben sich zusammengeschlossen, sind aus allen Teilen Swanetiens zusammengekommen, haben ihre früheren Feindschaften hinter sich gelassen und gemeinsam eine Petition erarbeitet und eingereicht. Darin fordern sie ein Mitspracherecht bei gewaltigen Entscheidungen wie diesen, die noch kommende Generationen beeinflussen werden. Es geht hier nicht nur um die Umsiedelung der Menschen, die in diesen Dörfern im Tal leben. Es geht auch um die Frage, wer dann auf der anderen Seite der Staumauer leben möchte. Ich stelle mir vor, wie es wäre in einem Tal zu leben, das auf einer Seite von einer vielleicht hundert Meter hohen Staumauer begrenzt ist, die dem

Druck von unzähligen Tonnen Wasser standhalten muss. Allein die Vorstellung daran lässt mich schaudern.

An einem bewölkten Nachmittag sitze ich in unserem gemütlichen Zimmer und lasse meinen Blick über die bis zu zweitausend Jahre alten Wehrtürme schweifen. Ich denke wieder an unsere viertägige Wanderung zurück, die uns nach Ushguli geführt hat. In Adishi, dem zweiten Dorf, in dem wir übernachteten, sahen wir Wehrtürme, die noch zerfallener aussahen, als in anderen Gegenden Swanetiens. Teilweise waren nur noch Mauerstümpfe zu sehen. Der Grund dafür war eine Lawine in den 1980er Jahren, die viele Wehrtürme und fast alle Häuser zerstörte. Nur die Kirchen blieben wie von Geisterhand unbeschadet.

Die Regierung siedelte die Einwohner unterhalb des Tals an, doch mit der steigenden Popularität des Mestia-Ushguli-Wanderweges kehrten die Einwohner nach und nach zurück, um mit den Touristen ihr Einkommen zu verdienen. Das klitzekleine Dorf Adishi, direkt an einem reißenden Gletscherfluss gelegen, ist nun ein Potpourri aus merkwürdigen Gebäuden. Manche Häuser liegen noch unberührt in Schutt und Asche, daneben steht der Rest eines Hauses, an den blitzschnell – so sieht es zumindest aus – ein Anbau aus Betonsteinen gebaut wurde. Meist noch unverputzt mit provisorischen Geländern an den Balkonen im ersten Stock, an die man sich lieber nicht lehnen sollte. Und dann sind da noch die zerstörten Wehrtürme, die überall ihre langen Schatten werfen. Aus einem Wehrturm wächst ein hoher Baum hervor, ein bizarrer Anblick mitten im Zentrum des Dorfes. Umgeben ist Adishi von hohen Bergen, denen man sofort ansieht, dass sie im Winter gewaltige Lawinen hervorbringen können.

Wir übernachten in einem dieser neu gebauten Häuser

aus Beton, außen noch unverputzt, doch innen sehr gemütlich mit Holz ausgekleidet. Als es am Abend dunkel wird und der Wind durch die Ritzen der unversiegelten Fenster zieht, kuscheln Gwill und ich uns unter den dicken Decken zusammen. Eigentlich recherchieren wir abends im Internet, was uns am nächsten Tag auf der Wanderung erwarten wird, doch im Adishi-Tal gibt es weder Mobilfunkempfang noch Internet. Und so genießen wir den Abend ohne Anschluss an die Außenwelt, machen Quatsch, erzählen uns Geschichten und Gwill wirft im Licht unserer kleinen Kopflampe mit seinen Händen Schattenspiele an die Decke. Es tut gut, mal nicht aufs Handy zu schauen. Immer wieder werde ich es auf unserer Reise genießen, keinen Internetempfang zu haben, und mich wirklich auf das Hier und Jetzt zu konzentrieren.

Der Kontrast zwischen unserer Unterkunft und jener unserer Gastgeber ist oft gravierend, nicht nur in Adishi. In allen Pensionen, in denen wir auf unserer über vier Monate langen Reise übernachtet haben, ist es modern und doch gemütlich eingerichtet, die Zimmer und Badezimmer sind sauber. Wir bleiben in einfachen Gasthäusern, oft mit die preiswertesten, die ich auf Booking.com finden kann. Und doch ist der Standard hoch und wir fühlen uns sehr wohl. Wenn wir dann in die Wohnzimmer und Küchen unserer Gastgeber kommen – oft teilen sie die Küchen mit ihren Gästen, wodurch wir in ihren Alltag integriert werden – dann sieht man, wie arm die Leute doch eigentlich sind. Da fehlt Tapete, der Putz kommt von den Wänden, die Zimmer sehen runtergekommen aus. Viele Häuser haben keine Zentralheizung, nur einen holzbefeuerten Küchenofen, auf dem Katchapurri, mit Käse gefülltes Brot, gebacken wird, und an dem sich im Winter alle versammeln. Die Zeiten sind für viele Georgier noch immer hart.

Tageswanderung in Ushguli mit Blick über den Kaukasus

Gewitter über den Bergen auf unserer Wanderung von Mestia nach Ushguli

Zurück in Mestia

Ich liege auf dem Bett in unserer kuschligen Pension in Mestia und schaue hinunter in den großen Obstgarten. Gwill und ich hatten an diesem Morgen beschlossen, von Ushguli nach Mestia zurückzufahren. Nachdem wir die letzten beiden Wochen fast täglich wanderten und dabei mit blauem Himmel beschenkt worden waren, war nun eine mehrtägige Regenfront angekündigt. In unserer endlosen Weisheit dachten wir, dass dies der ideale Tag war, um nach Mestia zurückzukehren, wo wir in einer Pension unser restliches Gepäck eingelagert hatten. Schließlich wollten wir bei Dauerregen keine Gipfel besteigen. Doch es stellte sich heraus, dass dieser Regentag ganz und gar nicht perfekt zum Reisen war. Die Straße von Ushguli nach Mestia war mit riesigen Schlaglöchern übersät. Das war an sich schon ein unwegsames Gelände und brauchte geübte Fahrer. Doch bei Regen waren die Schlaglöcher zu kleinen Seen geworden und die Straße glich mehr einem Fluss als einer Straße.

Wir fuhren mit unserem Kleintransporter mitten durch kleine Wasserfälle hindurch, die vom Berg hinunterkamen, und ich wunderte mich immer wieder darüber, dass wir in diesem dicken Schlamm nicht stecken blieben. Um den großen mit Wasser gefüllten Schlaglöchern auszuweichen, lenkte unser Fahrer den Wagen immer wieder gefährlich nah an den Abhang heran, der zum Fluss abfiel. Ich war froh, dass ich auf der anderen Seite im Auto saß und somit nicht sah, wie wenige Zentimeter uns nur noch vom Abgrund trennten.

Der Fahrer tat, was alle georgischen Fahrer tun: Er telefonierte ununterbrochen, sprach aufgeregt und hektisch ins Telefon, welches er mit der einen Hand ans Ohr hielt, während er mit der anderen das Auto steuerte. Immer wieder hielt ich inne und dachte – nicht zum ersten Mal auf meinen Reisen – schwankend zwischen Sorge um mein Leben und Hingabe an das Schicksal: »Ich gebe mein Schicksal in die Hände des Universums und hoffe, dass wir gut ankommen.« Und dann lehnte ich mich zurück und genoss die Fahrt. Das ist eben Georgien.

Wir kamen selbstverständlich sicher an, sonst hätte ich dieses Buch ja nicht geschrieben. Doch ich glaube, es war einfach Glück. Pures Glück. Eine Woche nach dieser Fahrt erfahren wir, dass genau auf dieser Strecke ein Stück von der Felswand heruntergekommen ist und nun die Straße blockiert. Der Dauerregen hatte das Erdreich so aufgelockert, dass die aufgeschüttete Erde keinen Halt mehr hatte und sich tosend vom Berg löste. Zum Glück befanden sich in dem Moment keine Autos auf diesem Stück der Straße, so dass niemand zu Schaden kam.

Gwill und ich sprechen an diesem Abend darüber, wie es um den Zustand der Straßen bestellt ist, und warum die Regierung wohl kein Geld in eine bessere Infrastruktur in Swanetien und insbesondere Ushguli investiert. Jeden Tag fahren Hunderte von Autos die Straße zwischen Mestia und Ushguli auf und ab. Es sind nur knapp 50 Kilometer, doch da der Großteil davon aus ebendieser Schotterstraße besteht, braucht man dafür im Durchschnitt zwei Stunden Fahrzeit. Natürlich kann man nicht einfach nur die Schotterpisten auffüllen, denn sobald das nächste Unwetter käme, würden wieder neue Schlaglöcher entstehen. Das heißt, der einzige Weg die Straßen zu verbessern, wäre es, sie zu befestigen und zu asphaltieren. Doch selbst eine asphaltierte Straße würde Wartung erfordern, und das kostet Geld, welches offensichtlich nicht für diesen Zweck ausgegeben wird. Zu abgelegen ist diese Region im hohen Norden Georgiens, um auf dem Radar der Regierung aufzutauchen.

Und so schütteln sich die Autos dahin, jeden Tag fahren unzählige Mitsubishi Delicas über Pisten wie diese durch ganz Swanetien. Sie bringen Touristen zu abgelegenen Sehenswürdigkeiten und Einkäufe zurück aus der Stadt aufs Land. Der Delica ist ganz klar das Lieblingsauto der Swanen, überall sieht man diese kompakten allradbetriebenen schmalen Kleinbusse. Sie schaffen es jede Schotterpiste entlang und jeden steilen Berg hinauf zu fahren. Vorausgesetzt, es sitzt ein Swane darin, der sich nicht scheut, alles zu geben, im Bestreben, den Kaukasus auf vier Rädern touristisch zu erschließen. Ich bin immer wieder maßlos erstaunt darüber, was die Georgier möglich machen, wo man in Deutschland nur mit dem Kopf schütteln würde.

Eine Wanderung in guter Gesellschaft

Nach unseren vielen Wandertagen freuen wir uns darüber, unseren Körpern erst einmal eine Ruhepause zu gönnen. Wir schlafen lange, telefonieren mit Freunden und der Familie, essen gut und viel und überlegen, wo die Reise als Nächstes hingehen soll. Wir beschließen, im Kaukasus zu bleiben und den Transkaukasischen Wanderweg in die entgegengesetzte Richtung von Ushguli zu erkunden. Die Berichte, die wir über diese zweitägige Wanderung westlich von Mestia lesen, sind traumhaft, und ich kann es kaum erwarten, wieder loszugehen. Unser Muskelkater hat nachgelassen, wir fühlen uns fit und glücklich.

Und dann lernen wir noch Karina kennen. Unsere Begegnung mit ihr ist mal wieder ein Geschenk des Universums. Und wir treffen Florian, einen Deutschen, den wir auf dem Wanderweg von Mestia nach Ushguli immer wieder begegneten. Florian ist Anfang dreißig und hatte nach sechzehn Jahren Arbeit in derselben Firma beschlossen, seinen Job zu kündigen und sich auf eine Langzeitreise zu begeben. In Batumi, an der Schwarzmeerküste Georgiens, lernte er eine wunderschöne Kasachin kennen, von der er uns hin und wieder vorschwärmt, und er hofft, sie bald wiederzusehen. Er ist ein angenehmer Typ, hat eine ruhige zurückhaltende Art zu sprechen, ist jedoch sehr offen und geradeheraus.

Florian ist es, der die Verbindung zwischen uns und Karina herstellt. Er ist auf Karinas Anzeige für ein WorkAway in Ushguli gestoßen, in welcher sie Helfer für die

Renovierung eines Hauses suchte. Als er die junge Frau kontaktierte, um mehr darüber zu erfahren, stellte sich heraus, dass sie schon seit zwei Jahren in Mestia lebte und das Work-Away in Ushguli gar nicht mehr existierte. Ich bin neugierig auf die junge deutsche Frau, die hier in Swanetien lebt, und frage Florian, ob wir sie nicht mal treffen können. Es stellt sich heraus, dass sie die Schwiegertochter der Besitzer einer Pension in Mestia ist, in welcher sich Florian einmietet, und so verabreden wir uns an einem sonnigen Spätnachmittag im September in ihrem Garten. Bei einer hausgemachten Flasche georgischen Weines, die wir natürlich als gute Gäste dabeihaben, lernen wir Karina besser kennen.

Als wir ihr von unserer geplanten Wanderung auf den ersten beiden westlich von Mestia gelegenen Etappen des Transkaukasischen Wanderweges erzählen, ist sie Feuer und Flamme: »Seit Jahren plane ich schon, diese Strecke zu gehen, aber wegen meines kleinen Sohnes hat das bis jetzt noch nicht funktioniert. Ach, ich nehme mir morgen einfach mal die Zeit für mich und frage meinen Mann Dato, ob er auf Tom aufpassen kann. Dann können wir unser Auto nehmen, um an den Beginn des Wanderwegs zu fahren.« Sie strahlt übers ganze Gesicht und klatscht in die Hände: »Ich freue mich so über diese Gelegenheit.«

Auch ich strahle und freue mich auf Abwechslung beim Wandern mit anderen Menschen. Wir überreden Florian dazu, mitzukommen, der eigentlich erstmal genug von den steilen Aufstiegen des Kaukasus hatte, sich dann aber doch noch entscheidet, unser Vierergespann komplett zu machen.

So wird die Strecke zwischen Etseri und Mazeri zu einer unserer schönsten Wanderungen. Es ist das erste Mal, dass wir gemeinsam mit anderen Menschen wandern, und hinzu kommt, dass die Landschaft abwechslungsreich und beeindruckend ist. Es ist ein sonniger, angenehm warmer Tag und die Wanderung ist für unsere Verhältnisse nicht so anstrengend wie andere, die wir davor gemacht haben. Oder vielleicht kommt es uns auch nur so vor, weil wir die Gesellschaft von Karina und Florian so genießen, und das Wetter so gut mitspielt. Ich bin den ganzen Tag voller Freude und vollkommen mit der Welt im Reinen. Als wir zum Mittag auf der Hochebene Brot, Käse und Rosinen essen und unseren Blick über die schneebedeckten Gipfel des Kaukasus schweifen lassen, könnte mir die Welt nicht schöner und reiner vorkommen.

Schon der Aufstieg durch den Wald ist anders als die Tage davor. Als wir um acht Uhr loslaufen, ist es noch angenehm kühl. Ich genieße es, die kalte Luft auf meinen Beinen zu spüren, die in kurzen Hosen stecken. Die Sonne lugt erst vorsichtig zwischen den Berggipfeln hervor, doch ich weiß, dass es zum Mittag wieder heiß werden wird, und ich mich zurücksehnen werde nach der kühlen Morgenfrische. Es ist nicht sehr steil, und so können wir uns beim Laufen unterhalten. Das lenkt ab vom Anstieg und wir lachen viel und wärmen uns schnell auf.

Auf der halben Strecke nach oben teilen wir uns ein typisch georgisches Picknick aus frischem Brot, Käse und einer großen Packung Eiern. Die Proteine werden von unseren Körpern dankbar aufgenommen, und so essen wir jeder drei Eier und freuen uns über die gute Gesellschaft und das Essen, das wie immer auf Wanderungen noch vorzüglicher schmeckt als ohnehin schon.

Als wir nach drei Stunden am höchsten Punkt ankommen, liegt vor uns eine große ebene Fläche. In der Mitte ist ein klarer Bergsee, ein paar Pferde grasen entspannt auf der Wiese. Der Ausblick ist gigantisch: Hohe schneebedeckte

Gipfel in jeder Himmelsrichtung. Ich lasse meinen Blick schweifen, sehe den Berg Ushba, ›der Schreckliche‹, und den Berg Lila, welchen Karina besteigen möchte – irgendwann, wenn ihr Sohn größer ist und sie mehr Zeit hat, um sich auf eine Bergbesteigung vorzubereiten. Ich kann mich gar nicht sattsehen an diesen Bergen. Der Himmel ist blau, ohne ein Wölkchen, die Luft ist jetzt angenehm warm und die Berge schauen aus der Ferne auf uns herab.

Wir machen eine lange Mittagspause, reden über das Leben und das Reisen, und irgendwann wird es ganz still – die Wildpferde sind verschwunden, und man hört nur noch das leise Schnarchen des Hundes, der uns auf dieser Wanderung begleitet. Ich fühle mich im Einklang mit der Welt, und während die anderen ein Nickerchen machen, schaue ich in die Ferne und mir geht das Herz auf. Wieder einmal wundere ich mich darüber, wie viel Freude und Frieden mir die Berge schenken, und ich bin dankbar dafür.

Nach einer langen Zeit machen wir uns auf den Rückweg und als wir auf der anderen Seite des Berges hinunter ins Dorf Etseri laufen, finden wir eine große Böschung voll mit wilden Himbeeren zum Nachtisch. Was für ein Geschenk. Sie sind gerade ausgereift und schmecken köstlich.

Das Besondere an dieser Wanderung sind für mich auch die intensiven Gespräche mit Karina. Sie teilt viel mit mir über die georgische Kultur und das Leben hier in Swanetien. Und wir sprechen über ihre persönlichen Herausforderungen der letzten Jahre. Karina kommt ursprünglich aus dem Süden Deutschlands. Sie ist 32 Jahre jung, blond, schlank, sehr hübsch, und sie strahlt eine unglaubliche Lebensfreude aus. Doch obwohl sie ein paar Jahre jünger ist als wir, zeichnen sich bereits die Erfahrungen des Lebens in ihrem Gesicht ab.

Schon vor vier Jahren kam sie nach Ushguli. Sie war auf der Durchreise und wollte eigentlich weiter nach Asien, um noch mehr von der Welt zu sehen. Doch Ushguli hatte es ihr angetan. Irgendetwas an diesem hochgelegenen kleinen Dorf in den rauen Bergen des Kaukasus und ihren eigentümlichen Bewohnern ließ sie nicht mehr los. So blieb sie und fing an, die einheimischen Kinder in Englisch zu unterrichten, half den Bewohnern dabei, ihre Unterkünfte auf verschiedenen Internetplattformen anzubieten, baute ein Café am Fluss des Dorfes mit auf, und fegte wie ein Wirbelwind durch das Leben der Dorfbewohner. Sie sprach zwar zu dieser Zeit noch kein Georgisch, wusste sich jedoch zu verständigen mit ihrer fröhlichen Art, ihrem Lachen, ihrem Scharfsinn. Und vor allem mit einer unbändigen Energie.

Sie stellte immer wieder neue Projekte auf die Beine, war maßgeblich daran beteiligt, das Kino in Mestia mit aufzubauen, und pendelte stetig von Ushguli nach Mestia, weil man sie verpflichtet hatte, auch dort zu unterrichten. Einer der Fahrer, mit dem sie regelmäßig unterwegs war, ist Dato. Er war der Einzige, der sie die zwei Stunden auf der schlaglochübersäten Straße kostenlos mitfahren ließ, vorbei an Felsenklippen und Wasserfällen. Die beiden wurden ein Liebespaar und Karina schließlich ungeplant schwanger.

Dato kommt aus Mestia. Seine Familie hat dort ein Haus, in dem sie auch Zimmer an Gäste vermieten. Karina zieht zu ihrem Partner und dessen Familie, bringt ihr Kind zwar in Deutschland zur Welt, kehrt dann aber zurück und ist sich lange unsicher darüber, ob sie bleiben soll, ja bleiben kann. Die Traditionen der Swanen sind ganz anders als unsere. Und da passt sie eigentlich nicht rein.

Karina ist kein Kind von Traurigkeit, doch die Swanen erwarten von ihren Frauen, dass sie unbefleckt in die Ehe gehen. Als Karina und Dato beschließen, zu heiraten – vor allem aus dem Grund, damit die Einreise nach Deutschland für Dato in Zeiten von Corona einfacher wird – stellt das die beiden vor eine große Herausforderung. Nicht nur für sie selbst, sondern vor allem für die Gemeinschaft, in der sie leben. Karina teilt das ihrem Partner mit, geht ganz offen in die Beziehung. Doch für die Gemeinschaft in Swanetien ist es eigentlich nicht tragbar. Die junge Frau erzählt mir, es könnte den beiden noch zum Verhängnis werden: »Susanne, ich kann froh sein, dass Dato mich überhaupt geheiratet hat. Im Grunde ist es eine Schande für ihn, eine Frau zu heiraten, für die er nicht der erste Mann ist. Und wenn das in seinem Freundeskreis mal ein Thema wird, kann es durchaus sein, dass einer mal ein Messer zückt, und Dato sich dann verteidigen muss. Das hängt schon lange wie ein Damoklesschwert über unserer Beziehung.«

Lange Zeit ist Karina sich nicht sicher, ob sie in Swanetien bleiben soll. Ihr Sohn ist mittlerweile fast zwei Jahre alt. Letztlich entscheidet sie sich für das Leben in Mestia, mit ihrem Mann und ihrem Sohn. Dieses Hin und Her im Kopf hat sie zermürbt und sie ist bereit, eine Entscheidung für das Leben hier zu treffen. Auch mit der Familie ihres Mannes ist es hin und wieder herausfordernd. Sie sind alle sehr lieb, haben Karina und den gemeinsamen Sohn gut aufgenommen – aber natürlich unter der Voraussetzung, dass sie in das Haus ihres Mannes zieht. Denn das ist hier der Brauch und unbestreitbar. Ein unabhängiges Leben von den Eltern gebe es hier nicht.

Exkurs: Der Film ›Dede‹

Doch nicht nur für die zugewanderte Deutsche stellen die Bräuche in Swanetien eine große Herausforderung dar. Auch die swanischen Frauen haben es ganz und gar nicht leicht. In der swanischen Kultur gibt es nämlich außer der geforderten Jungfräulichkeit – wohlgemerkt: die Jungfräulichkeit ausschließlich der Frau – beim Eingang in die Ehe noch eine andere Tradition, die mir fast den Atem verschlägt, als ich davon erfahre. Es ist der Brautraub. Ja, ich habe mich nicht verschrieben. Bei diesem Brauch suchten sich die Swanen ihre Frauen aus und raubten sie dann. Leider ist dieser Brauch nicht Vergangenheit, sondern wird auch heute noch hin und wieder praktiziert.

Wir sind seit zwei Tagen zurück von unserer Wanderung mit Florian und Karina, als Beka, unser neuer georgischer Freund aus Tbilisi, uns das erzählt. Wir können es kaum glauben. »Brautraub? Hier, am Rande von Europa, im 21. Jahrhundert?«, frage ich ihn entsetzt. Beka schlägt beschämt die Augen nieder. Auch er findet es schrecklich und kann mit dieser Tradition nichts anfangen. Wir kommen gerade aus dem Kino, in dem wir uns den Film ›Dede‹ angeschaut haben. Das einzige Kino in Mestia ist nicht weit vom Zentrum des Städtchens entfernt. Schon die Lage des Gebäudes ist atemberaubend: Es steht direkt an der Schlucht des Flusses Mulkhura. Steil hinab geht es, wenn man aus dem Fenster schaut, und das weißbrodelnde Wasser des Gletscherflusses bildet einen starken Kontrast zum geschuppten Grau des Felsens. Ich bedaure zum wiederholten Mal, dass die meisten georgischen Flüsse reißend und eiskalt sind, und baden für uns daher unmöglich und lebensgefährlich wäre. Doch gleichzeitig bin ich fasziniert von der Wildheit und Schönheit der Gewässer in diesem Land.

In diesem Gebäude am Fluss also befindet sich das einzige Kino Mestias, und hier kann der interessierte Tourist fünfmal täglich den einzigen Film anschauen, der hier gezeigt wird. Das Besondere an dem Film ist, dass er in Swanetien, genauer gesagt in Ushguli, und in der swanischen Sprache gedreht wurde. Da diese sich gänzlich von der georgischen Sprache unterscheidet, halten die Kinobetreiber Untertitel in zig Sprachen bereit.

An einem warmen sonnigen Nachmittag beschließen Gwill, Beka und ich uns den Film anzusehen, der auf Filmfestivals weltweit Preise gewonnen hat. Ich bin neugierig darauf, mehr über das Leben der Swanen zu erfahren, und habe auch gelesen, dass die Schauspieler für den Film Einwohner von Ushguli sind, die keinerlei Schauspielausbildung haben. Somit sollte der Film authentisch sein. Und was das Authentische daran ist, wird mir sofort klar, als der Film beginnt: Es wird wenig gesprochen, und noch weniger gelacht. Dafür ist die Mimik der Schauspieler umso aussagekräftiger. Der Film vermittelt eine bedrückende Atmosphäre, die nicht nur dem eiskalten Winter und hohen Schnee in den Szenen geschuldet ist.

Er spielt in den 1990er Jahren, also vor gerade einmal dreißig Jahren. Es geht um ein junge swanische Frau, die nicht jenen Mann heiraten möchte, den ihr Großvater für sie ausgesucht hat. Sie widersetzt sich ihrer Familie, da sie seit langem in einen Anderen verliebt ist. Als ihr ›zukünftiger‹ Mann davon erfährt, begeht er Selbstmord. Die junge Frau verlässt das Dorf mit ihrem Geliebten, die beiden bekommen ein Kind, heiraten und sind unglaublich glücklich. Doch die junge Frau darf nun nicht mehr in ihr Dorf zurückkehren, um ihre Familie zu besuchen. Sie ist geächtet. Als sie vom Tod ihrer Großmutter erfährt, schickt sie ihren Ehemann, um der Großmutter die letzte Ehre zu erweisen. Doch er verunglückt in der kalten Winternacht. Als sie davon erfährt, bricht sie zusammen.

Was nun passiert, raubt dem Zuschauer fast den Atem, so unglaublich ist es. Ihr bester Freund, der behauptet, dass er sie schon ein Leben lang liebt, entführt sowohl sie als auch eine andere Frau mit Hilfe einiger Männer, zwingt sie nun zur Heirat mit ihm und damit zur Rückkehr in ihr Heimatdorf. Doch sie muss ihren Sohn beim Vater ihres ermordeten Mannes zurücklassen, da die Tradition erfordert, dass das Kind in der Obhut der Familie des Mannes bleibt. Die junge Frau ist verzweifelt und traurig, und die Freude ist aus ihrem Leben gewichen.

Ihre zur gleichen Zeit entführte Freundin wird von einem anderen Mann zur Ehe gezwungen. Als sie der Zwangsehe zu entfliehen versucht, droht man damit, ihre Familie umzubringen.

Es ist ein krasser Film, sehr gut gespielt, atmosphärisch und ergreifend. Diese Art, ihre Frauen zu behandeln und ihnen keinerlei Mitspracherecht zu geben, rührt offensichtlich von den alten Traditionen der Swanen. Früher gab es einen ausgeprägten Frauenmangel in Swanetien, und es ging darum, wie man am besten die Familie erhalten kann. Doch das Leben der Swanen hat sich verändert. Es ist nicht mehr so hart, wie es einst war, und die Notwendigkeit, eine Frau im Haus zu haben, die sich um den Haushalt kümmert, besteht nun nicht mehr überall.

Später wird mir Lika – bei der wir am Schwarzen Meer unterkommen – erzählen, dass der Brautraub möglicherweise der Grund ist, weshalb die Mädchen in Ushguli so wenig lächeln. Denn schöne lachende Mädchen wurden eher zum Opfer von Entführungen als griesgrämige Mädchen. Und das hat offensichtlich angehalten hier in den rauen Bergen.

Da unsere Vermieter in Ushguli weder Frühstück noch Abendessen anbieten, und es im Dorf keinen Laden gibt, in welchem man sich mit Lebensmitteln eindecken könnte, sind wir für unsere Mahlzeiten auf ein Café unterhalb unserer Unterkunft angewiesen. Der Blick von dort ist traumhaft: Wir schauen über den Hausberg und den Gletscher, und ich könnte stundenlang hier sitzen und den Wolken nachschauen, die sich über den Bergen verdichten und dann locker flockig ins Tal ziehen. Wir sind also jeden Tag in diesem Café, fünf Tage lang, und wir werden kein einziges Mal von den Kellnerinnen begrüßt oder angelächelt.

In ganz Ushguli haben wir das Gefühl, dass keiner der Bewohner auf den Tourismus angewiesen ist. Dabei sind es doch die Touristen, die mittlerweile viel Geld in diese Gegend bringen. Vielleicht hat das mit dem Widerspruch zu tun, der sich hier auftut: der Widerspruch zwischen Tradition und Fortschritt. Die Traditionen sind es, wegen denen die Touristen hierherkommen, aber den Fortschritt genießen die, die Gasthäuser und Cafés eröffnen und nicht mehr traditionell auf den Feldern und mit ihren Tieren arbeiten. Wie in vielen touristischen Gegenden ist es dieses Paradoxon, das die Einheimischen umtreibt und teilweise auch entzweit. Der Bauer, der traditionell seine Kühe melkt und die Ernte einbringt, ist entzückend romantisch anzuschauen für den Touristen aus Westeuropa. Wir erfreuen uns hier an einer Lebensweise, die bei uns schon lang nicht mehr so existiert, seit die Massentierhaltung und die breitflächige Landwirtschaft Einzug gehalten haben. Doch der Swane, der sich von dieser Lebensweise als Selbstversorger abwendet und ein Gästehaus eröffnet ist derjenige, der aus diesem Szenario Geld erwirtschaften kann. Beides zu erhalten ist eine Herausforderung und nur wenigen möglich. Und natürlich bringen die Touristen nicht nur Geld, sondern damit auch den Anreiz, die Infrastruktur dieser abgelegenen Gebiete zu verbessern. Straßen werden repariert und geräumt, und Ushguli ist nun weniger abgeschnitten von der Außenwelt, als dies noch vor wenigen Jahren der Fall war.

Doch zurück zu unserer Wanderung auf dem Transkaukasischen Wanderweg. Als Florian und ich Karina am Nachmittag nach empfehlenswerter Lektüre über Georgien fragen, denkt sie kurz nach und sagt dann: »Am besten weiß ein Bekannter von mir darüber Bescheid. Sein Name ist Tony Hanmer. Er ist ein Literaturprofessor aus England und lebt mit seiner georgischen Frau in Etseri, dem letzten Dorf auf unserer Wanderung. Ich ruf ihn gleich mal an und frage, ob wir auf dem Rückweg bei ihm einkehren können.«

Ich bin mal wieder fassungslos. Echt jetzt? Da reden wir auf einer Wanderung in einem der abgelegensten Gebiete Georgiens über Literatur und finden nur wenige Kilometer entfernt einen Literaturprofessor, der unsere Sprache spricht, und der natürlich auch zu Hause ist, als wir bei ihm ankommen – wie ja jeder in Georgien gefühlt immer zu Hause ist und immer Zeit für einen hat. Dieses Land ist einfach wundervoll.

Als wir mehrere Stunden später bei Tony und seiner Frau in der großen Wohnküche des Gästehauses sitzen, mit Büchern über Georgien vor uns, einer selbst gemachten Zitronenlimonade in den Gläsern und Katchapuri auf dem Tisch, erzählt Tony vom Leben in diesem abgelegenen Dorf, in dem vielleicht hundert Menschen leben: »Wir heizen mit einer elektrischen Heizung, da der Strom nichts kostet. Auch das Wasser ist umsonst, und das ist auch gut so, denn im Winter müssen wir es immer ein wenig laufen lassen, damit die überirdisch verlegten Rohre nicht einfrieren.«

Da ist er wieder, dieser starke Kontrast zu dem Leben, das ich kenne. Das Wasser laufen zu lassen wäre für uns in Deutschland undenkbar. Und Rohre zu haben, die nicht unter der Erde liegen, in einer Region, in der das Thermometer im Winter regelmäßig auf -10 Grad fällt, das gibt es nicht.

Tony erzählt weiter: »Viele in unserem Dorf bekommen umgerechnet knapp fünfzehn Euro im Monat vom Staat, da dies hier eines der ärmsten Gebiete Georgiens ist. Sie wollen gar nicht raus aus dieser Abhängigkeit. Sie sind nicht daran interessiert, eine Arbeit aufzunehmen oder ein Projekt zu verfolgen, das sie finanziell unabhängig machen würde. Denn sie haben ja dieses sichere, wenn auch geringe Einkommen vom Staat.«

Nach unserem Gespräch spinne ich das im Kopf weiter: Viele Menschen bauen Kartoffeln und Gemüse an, haben Obstbäume, vielleicht noch ein paar Schafe oder eine Ziege und eine Milchkuh. Das Mehl ist preiswert, viele backen ihr eigenes Brot, und mit kostenlosem Wasser und Strom lässt es sich ganz gut leben. Solang man keine ernsten gesundheitlichen Probleme bekommt.

Und dann erzählt uns Karina noch etwas, das ich nun wieder gar nicht erwartet habe: »Wusstet ihr, dass viele IT-Firmen hier in Swanetien ihre Server stehen haben? Besonders Firmen, die Kryptowährungen schürfen. Das ist ein lohnendes Geschäft, wenn man keinen Strom bezahlt.«

Ich schaue sie ungläubig an: »Das ist ja irre! Und gerade das Schürfen von Kryptowährungen verbraucht unheimlich viel Strom.«

»Ja, die Regierung hat sich sehr gewundert, als im letzten Jahr offenbar wurde, dass Swanetien einen um das Siebenfache höheren Energieverbrauch hatte, als andere ähnlich ländliche Regionen Georgiens. Das ist natürlich die Kehrseite der Solidarität mit den ärmeren Gegenden. Große Firmen nutzen das schnell aus.«

Wenn ich solche Geschichten vom Leben hier höre, weiß ich manchmal nicht, ob ich lachen oder weinen soll. Einerseits passt es zum schelmischen Charakter der Georgier, den freien Strom gleich mal richtig auszunutzen. Andererseits sind es natürlich die großen IT-Firmen, die davon profitieren, nicht die einfachen Leute, für die das Leben schon schwer genug ist.

Tageswanderung in Swanetien mit Gwill, Karina und Florian

Gwill auf dem Guli Pass auf 3000 Meter Höhe

Bergbesteigung: Guli Pass

Der Wecker klingelt um halb sieben, doch gefühlt ist es noch mitten in der Nacht. Wir haben nach unserer wunderschönen Wanderung mit Karina und Florian gestern ein kleines Zimmer im winzigen Dorf Mazeri gebucht, in welches sie uns mit dem Auto gebracht haben. Es ist kalt draußen, vielleicht fünf Grad über Null, und die Scheiben sind beschlagen von unserer warmen Atemluft. Wir ziehen uns schnell an und laufen hinüber zum ›Frühstücksraum‹. Oh ja, schön wäre es, wenn es diesen gäbe. Aber die drei alten Damen, die dieses Gästehaus führen, haben für uns vorgesehen, unsere Mahlzeiten auf der Außenterrasse einzunehmen. Und da sitzen wir nun, eingepackt in unsere warmen Sachen und schaufeln so viel Essen wie möglich in uns hinein, damit wir genug Energie für diesen langen Tag haben.

Ich kann nicht glauben, wie viel ich vertilgen kann, seitdem wir fast jeden Tag wandern. Ich fühle mich wie ein Teenager, hab ständig Hunger, und immer Angst, dass es nicht genug zu essen gibt. Bei unseren Mahlzeiten interessiert es mich nicht mehr, was aufgetischt wird, sondern nur noch die Quantität. Mein Körper ist auf Dauerverbrennung. Und so essen zum Frühstück wir eine ganze Pfanne voll gebratener Eier, dazu Joghurt, und Brot mit zerlaufenem Käse gefüllt. Wir sind bereit für die 1600 Höhenmeter und die 22 Kilometer, die uns heute bevorstehen.

Das ist die ambitionierteste Wanderung, die wir bis jetzt gemacht haben. Kurz nach halb acht schultern Gwill und ich unsere Rucksäcke und machen uns auf den Weg zum Guli Pass, was so viel wie ›Pass des Herzens‹ bedeutet. Der Morgen ist klar und kühl. Die ersten Stunden laufen wir durch den Wald, an einem reißenden Fluss entlang. Ich liebe diese Morgen, wenn es noch kühl ist, ich noch frisch und energiegeladen bin, und außer uns niemand unterwegs ist. Ich bin fast dankbar, dass dank der Corona-Pandemie viel weniger Touristen im Land sind als normalerweise um diese Zeit. Und dieses Stück des transkaukasischen Pfades ist ohnehin nicht sonderlich populär.

Nach einer kurzen Frühstückspause am Fuße des Passes am späten Morgen dränge ich zum Aufbruch. Mir ist bewusst, dass wir noch sechzehn Kilometer und viele Höhenmeter zu bewältigen haben, und dass es knapp werden könnte trotz der zwölf Stunden Tageslicht. Als wir kurz nach dem Mittag den Gipfel erreichen, sind wir stolz und glücklich. Der letzte Anstieg war steil und der Weg schwer zu finden. Immer wieder schauten wir auf unsere GPS-Karte auf dem Smartphone und vergewisserten uns, dass wir in die richtige Richtung liefen.

Doch der lange steile Anstieg hat sich gelohnt. Wir genießen einen Rundblick auf die Berge, sehen die Wolken sich unter uns auftürmen, und ich kann mal wieder nicht glauben, wie schön der Große Kaukasus doch ist.

Nach einer kurzen Schokoladen-Pause beginnen wir den Abstieg. Die Landschaft ist wunderschön und wir genießen den ersten Teil des Abstieges. Es ist ein leichtes Laufen und wir haben Gelegenheit, die Berggipfel um uns herum zu bewundern. Dann wird es etwas herausfordernder, wir müssen Bergflüsse überqueren, die seitlich den Hang hinunterfließen. Auch der Weg ist teilweise weggespült. Es braucht viel Konzentration, um nicht abzurutschen. Ich merke, wie meine Kräfte langsam nachlassen.

Nach einer weiteren kurzen Pause und dem letzten Stück Churchuela, mit Traubensaft ummantelte Walnüsse, geht es weiter über Blumenwiesen, bis wir schließlich an die breite Schotterstraße gelangen, die von den Coruldi Seen hinab ins Tal führt. Von hier ab ist es nicht mehr weit, doch dafür geht es steil bergab. Nach zehn Stunden wandern erfordert der Abstieg durch den Wald unsere ganze Konzentration.

Als Gwill und ich schließlich kurz vor Einbruch der Dunkelheit in unserem Gasthaus in Mestia ankommen, werden wir schon von den Besitzerinnen Inga und Irma erwartet. Sie reichen Gwill ein Bier und mir ein Glas Wein und freuen sich, uns wiederzusehen. Nach einer heißen Dusche und einem fantastischen Abendessen, gekocht von den beiden Gastmüttern, fallen wir müde und glücklich ins Bett. Wir schlafen in dieser Nacht über fünfzehn Stunden, mit einem tiefen Gefühl der Erschöpfung und des Glücks.

Als ich später die Fotos von Auf- und Abstieg anschaue, realisiere ich, wie fantastisch die Aussichten waren. Es sind allesamt Postkartenmotive – manchmal bekommt man das während des Wanderns gar nicht so mit.

Noch ein Wort zu unseren bezaubernden Gastgeberinnen hier in Mestia. Inga und Irma kamen vor drei Jahren aus Tbilisi hierher, um das Haus ihrer Großeltern zu renovieren und ein Gästehaus mit acht Zimmern zu eröffnen. Irmas siebzehnjährige und jüngste Tochter kam mit nach Mestia, die anderen Kinder sind schon erwachsen und blieben in Tbilisi.

Für die kinderlose Inga ist das Gasthaus ihr Leben. Sie steht jeden Morgen um fünf auf, bereitet das Frühstück für die Gäste, die oftmals schon früh die viertägige Wanderung nach Ushguli antreten wollen. Inga richtet die

Zimmer her, wäscht die Bettlaken, kümmert sich um den gesamten Haushalt und ist stets bereit zu helfen. Wann immer ich die Küche betrete, springt sie auf und fragt mich, ob ich etwas brauche. Oft gibt sie uns selbstgemachten Kuchen oder einen Teller Suppe, immer hat sie ein Lächeln auf den Lippen und ist bemüht darin, dass sich ihre Gäste gut einleben. Wir fühlen uns wohl in ihrem Haus und haben das Gefühl, in Inga und Irma zwei swanische Mütter zu haben.

Abstieg vom Guli Pass

Im Kleinen Kaukasus (Borjomi)

Ich erwache früh, drehe mich aber nochmal um, weil ich müde bin. Ich habe schlecht geschlafen die letzten beiden Nächte. Das liegt aber nicht etwa an den Anstrengungen der Reise, sondern an meinem Partner, der schnarcht wie ein Bär im Winterschlaf. Seit Monaten versucht er mit dem Rauchen aufzuhören, damit er weniger schnarcht, aber Georgien ist ein herausforderndes Land dafür. Die meisten Männer rauchen, Zigaretten sind billig und wir sind ja immer draußen. Er hat sich ganz gut geschlagen, und es geschafft, seit mehreren Wochen nicht zu rauchen. Doch vor zwei Tagen hat es ihn mal wieder gepackt, und die halbe Packung Zigaretten war an nur einem Abend vernichtet. Und dann schnarchte er. Na gut, so war es eben. Ich stehe auf, weil ich sowieso nicht mehr schlafen kann, und mich dann nur grummelnde Gedanken überkommen.

Draußen ist es herrlich. Die Sonne scheint von einem strahlendblauen Himmel und durch einen Häuserspalt sehe ich sowohl den Wald als auch den Hausberg von Borjomi. Wir sind seit gestern Abend hier, in einer kleinen Ferienwohnung am Rande der Stadt. Die rasante Fahrt mit der ›Marschrutka‹ brachte uns in acht Stunden von Swanetien hierher – vom Großen Kaukasus im Norden des Landes zum Kleinen Kaukasus im Süden. Die Straßen im Nordwesten von Georgien sind nicht gerade für schnelles

Fahren ausgelegt. Sie sind holprig, übersät mit Schlaglöchern und teilweise nicht asphaltiert. Doch das stört die Busfahrer gar nicht. Wir rasten die gewundenen Straßen in einem halsbrecherischen Tempo am Berghang entlang, dass mir manchmal ganz schummrig wurde vor Augen. Hätte jemand im Bus ein falsches Gebiss gehabt, diese Fahrt hätte es locker geschüttelt. Auch Nierensteine kann man auf diese Art loswerden, da bin ich mir fast sicher.

Wir hatten also nun Swanetien nach drei Wochen verlassen. Die bis zu über 5000 Meter hohen Berge des Großen Kaukasus im Norden von Georgien hatten es uns angetan. Wir liebten es, auf kleinere Berggipfel zu steigen und von oben gefühlt die ganze Welt zu überblicken. In Borjomi dagegen tauchen wir in eine ganz andere Welt ein. Hier hat der Tourismus schon vor vielen Jahrzehnten Einzug gehalten, ja bereits im 19. Jahrhundert zu Zeiten des Zaren wurden die Quellen von Borjomi als Heilquellen entdeckt. Schon damals lockte deren heilende Wirkung Touristen aus aller Welt an; aber besonders aus Russland kamen sie in Scharen in die größte Stadt des Kleinen Kaukasus. In den 1980ern wurden über 400 Millionen Flaschen des Borjomi Mineralwassers verkauft. 2007 verhängte Russland aufgrund der politischen Spannungen mit Georgien ein Importverbot für das heilende Wasser. Seit 2013 ist dieses wieder aufgehoben und heute wird es in über vierzig Länder exportiert. Es macht mittlerweile immerhin 10% des gesamten georgischen Exportvolumens aus.

Man merkt, dass die Bewohner Borjomis an den Tourismus gewöhnt sind. Unzählige Gasthäuser mit hervorragenden Bewertungen auf Booking.com säumen die asphaltierten Straßen. Ja, ich sage asphaltierte Straßen, denn mittlerweile haben wir gelernt, dass Asphalt ein Zeichen von Wohlstand ist. Die Häuser sind modern, gut erhalten, man sieht, dass hier ein Auge auf die Wartung der Gebäude geworfen wird. Die verschnörkelten Holzbalkone sind gut in Schuss und in verschiedenen Farben gestrichen. Borjomi mit seinen grünen Bergflanken rundherum fühlt sich wirklich an wie der Kurort, der er ist. Auch die Menschen hier sind ganz anders als in Swanetien. Sie sind offen und freundlich, und innerhalb eines Tages lernen wir drei Familien kennen, die uns begrüßen und sich um uns kümmern, als wären wir lang verloren geglaubte Freunde. Bemerkenswert ist, dass alle von ihnen eigentlich aus Tbilisi stammen, sich aber hier in Borjomi Häuser gekauft haben, die sie im Sommer vermieten.

Eine unserer vielen bemerkenswerten Begegnungen mit Georgiern findet in der Nähe von Borjomi statt. Hier werden wir am Ende unserer ersten Tageswanderung im Borjomi-Nationalpark von vier Frauen zum Picknick eingeladen. Nach der entspannenden Wanderung durch den kühlen Wald des Kleinen Kaukasus, die eine erfrischende Abwechslung zu unseren vorhergehenden Wanderungen in Swanetien ist, kommen wir am Ausgang des Parks an einer kleinen Picknickstelle vorbei. Auf einer großen Decke sind dort georgische Köstlichkeiten ausgebreitet, drumherum liegen und sitzen vier Frauen in gemütlichen Jogginghosen. Sie sehen glücklich und entspannt aus, essen und trinken, und lachen viel, und man sieht, dass sie in ihrem Element sind. Als wir um die Ecke kommen, springt eine der Frauen sofort auf, läuft auf uns zu und fragt uns in perfektem Englisch, wo wir herkommen und ob wir uns nicht zu ihnen gesellen wollen. Ich bin fassungslos. Einfach so.

Sie erzählt uns, dass ihre drei Freundinnen heute aus Tbilisi angekommen sind, und sie gemeinsam das Wochenende verbringen werden. Obwohl sie sich gerade erst wiedergesehen haben, drängt sie uns darauf, ihnen doch ein wenig Gesellschaft zu leisten. Wir lassen uns natürlich nicht zweimal fragen, nehmen dankbar Wein und Brot an, und ich stelle wie immer viele Fragen, um mehr über das Leben der Menschen in diesem Land zu erfahren. Es stellt sich heraus, dass unserer Gastgeberin Salome, sie ist ungefähr Ende vierzig, eigentlich Juristin ist. Doch sie arbeitet schon seit vielen Jahren nicht mehr in ihrem Beruf, sondern leitete lange Zeit ein Projekt für Landwirtschaft und Tourismus für den georgischen Staat. Danach beschloss sie, ein Gästehaus in Borjomi zu kaufen. Wie so viele andere Georgier, die wir treffen, ist sie eigentlich aus Tbilisi, verbringt aber ihre Sommer außerhalb der Stadt. Während ihres Studiums verbrachte sie ein halbes Jahr in London, daher spricht sie so gut Englisch. Doch sie hatte Sehnsucht nach ihrer Heimat und ist deshalb früher als geplant wieder zurückgekehrt.

Nachdem wir ein wenig geplaudert haben und Salome für ihre Freundinnen übersetzt hat, beschließen wir gemeinsam ein Spiel zu spielen. Wir werden in ein georgisches Ballspiel eingeweiht und haben viel Spaß dabei. Gerade eben haben wir diese wunderbar lebenslustigen Frauen getroffen, und schon lachen wir gemeinsam und kugeln uns auf der Wiese in dem Versuch, dem Ball auszuweichen. Als wir uns schließlich verabschieden, gibt uns Salome ihre Telefonnummer und besteht darauf, dass wir sie anrufen, wenn wir etwas brauchen. Dankbar nehmen wir an und werden auch wirklich ein paar Tage später darauf zurückkommen.

Kurze Zeit später laufen Gwill und ich vom Nationalpark zur Straße, um von dort den Bus zurück nach Borjomi zu nehmen. Doch diesmal haben wir kein Glück: Es ist eine Schnellstraße und wir sind leicht zu übersehen. Hinzu kommt, dass sich gerade ein Gewitter über unseren Köpfen zusammenbraut. Wir werden unruhig und sind uns unsicher darüber, was wir am besten machen sollen.

Plötzlich taucht Salomes Auto auf. Die Frauen halten neben uns am Straßenrand und lachen uns an: »Wir waren auf dem Weg zum Weinkeller einer Freundin, aber dann haben wir beschlossen, zurückzufahren und euch mit nach Borjomi zu nehmen. Wir können euch ja in dem Wetter nicht hier stehen lassen.«

Wir zwängen uns zu viert auf die Rückbank. Eigentlich passen wir gar nicht nebeneinander hinein, aber irgendwie geht es doch. Auf halber Strecke fängt es an, fürchterlich zu regnen und zu donnern, und wir sind heilfroh, dass die bezaubernden Georgierinnen Mitleid mit uns hatten. Sie fahren uns sogar bis zur Haustür, und wir kommen beschwingt in unserer Herberge an.

Später, als Gwill gerade die Bratkartoffeln fürs Abendessen in der Pfanne schwenkt, klopft es an der Verbindungstür zur Wohnung unserer Vermieter. Die junge Vermieterin steckt ihren Kopf herein und sagt: »Meine Eltern wollen euch unbedingt kennenlernen. Sie sind schon ganz gespannt.«

Gwill und ich schauen uns verwundert an und bitten sie herein in die winzige Küche. Die Mutter strahlt über das ganze Gesicht und ich bin sofort von ihrem Lächeln eingenommen. Sie übergeben uns eine Flasche Rotwein, heißen uns nochmals in Borjomi willkommen und fragen uns danach, wie es uns hier gefällt. Nach wenigen Minuten ziehen sie sich zurück und überlassen uns unserem Abendessen. Ich habe mal wieder das Gefühl, dass wir in diesem Land ausgesprochen gut aufgehoben sind.

Eigentlich wollen wir am nächsten Tag unsere viertägige Wanderung durch den Borjomi-Nationalpark beginnen.

Doch der Himmel sieht grau aus und unsere Wetter-App sagt Gewitter voraus. Wir beschließen, noch eine weitere Nacht in der Stadt zu bleiben. Da uns das Apartment hier zu teuer ist, ziehen wir um. Nach kurzer Suche finde ich ein Hostel, das auf Booking.com hervorragende Bewertungen hat. Ich bin begeistert, buche ein Zimmer für die Nacht und wir ziehen los. Doch was ich nicht bedacht habe ist, dass das Hostel drei Kilometer in die entgegengesetzte Richtung von unserem eigentlichen Ziel – dem National-park – entfernt liegt. Wir schleppen also unser Gepäck dorthin und müssen immer wieder lachen über die unpraktische Lage.

Doch der lange Weg hat sich gelohnt. Gwill und ich werden wärmstens empfangen, bekommen Kuchen und Kaffee serviert, und sind die einzigen Gäste im Haus. Auf dem kleinen Balkon des Hostels planen wir unsere Wande-rung und laufen danach in die Stadt, um uns etwas zum Abendessen zu kaufen, da wir unsere Vermieter nicht mit der Frage nach einer gekochten Mahlzeit belasten wollen. Die Besitzerin der gemütlichen Herberge hat gerade Besuch von ihrer Familie und wir sehen, wie sehr die drei ihre Zeit zusammen genießen.

Nach unserer Rückkehr und einem ausgiebigen Abend-essen sitzen wir wieder auf dem kleinen Balkon und lassen den Tag Revue passieren. Wir schauen hinunter in den Hinterhof, in dem unsere Vermieter gerade einen gemütli-chen Grillabend vorbereiten. Als alles fertig ist, der Tisch reich gedeckt ist, und Wein und Chacha natürlich auch nicht fehlen, steht überraschend die Schwester unserer Vermieterin auf unserem Balkon.

»Kommt, setzt euch zu uns! Das Abendessen ist fertig«, sagt sie, und wir schauen sie überrascht an.

»Wirklich? Habt ihr uns mit eingeplant?«

»Natürlich«, antwortet sie. »Ihr seid doch unsere Gäste. Kommt dazu! Es ist genug für alle da.«

Wir sind geplättet: Das hätten wir nun gar nicht erwartet. Wir verbringen einen wunderbaren Abend mit unseren Gastgebern, die sich freuen, ihr Englisch mit uns zu üben, und haben viel Spaß zusammen. Und obwohl wir uns ja hier eingemietet haben, und die Gästehausbesitzer sich normalerweise mit dem Anbieten von Voll- oder Halbpension etwas dazuverdienen, erwarten sie nicht, dass wir irgendetwas für dieses Abendessen zahlen. Es ist unglaublich.

Gwill und ich fühlen uns in Borjomi extrem wohl, obwohl die Landschaft lang nicht so aufregend und einzigartig ist wie im Großen Kaukasus. Wir beschließen, eine viertägige Wanderung zu machen – unsere erste Wanderung mit Zelt und Proviant für vier Tage und drei Nächte.

Nachdem wir an einem heißen sonnigen Morgen alles zusammengepackt haben und unser überflüssiges Gepäck in Schließfächern in der Administration des Nationalparks gelagert haben, fängt uns am Eingang ein Taxifahrer ab und bietet an, uns nach Likani zu fahren. Ich winke entschlossen ab. Ich hatte mich schon mehrere Male überreden lassen, ein Taxi zu nehmen, obwohl wir eigentlich die ›Marschrutka‹ nehmen wollten, und diesmal bin ich fest entschlossen, mich auf keinen Deal einzulassen. Doch Gwill gibt nach. Als ich immer wieder abwinke, geht der Taxifahrer zu meinem Erstaunen mehrmals mit dem Preis nach unten. Natürlich: So funktioniert Verhandeln. Ich kann mich daran einfach nicht gewöhnen und sage meist sofort beim ersten Angebot zu. Auch weil die Preise weit unter unseren Verhältnissen liegen, und ich mich manchmal fühle, als würden die Georgier an uns gar nichts verdienen. Aber so ist es natürlich nicht.

Gwill scheint überzeugt zu sein, dass wir mit dem Taxi besser dran sind als mit dem Bus und als wir endlich am Eingang des Nationalparks ankommen, verstehe ich auch warum: Wir haben fast eine Stunde Fußweg gespart, für umgerechnet nur fünf Euro mehr, als wir für den Bus bezahlt hätten. Und wir sind erschöpft, alle beide. Ich hatte zwar versucht, mir nichts anmerken zu lassen, aber Gwill gibt unumwunden zu, dass er müde ist. Die vielen Wochen des Wanderns im Großen Kaukasus haben uns vielleicht doch mehr zugesetzt, als wir dachten.

Nach nur einer Stunde zu Fuß erreichen wir schon den großen Zeltplatz im Süden des Nationalparks Kharagauli-Borjomi. Obwohl er als Zeltplatz auf der Karte eingezeichnet ist, sieht man es diesem wunderschönen Stückchen Erde nicht an. Einzig eine Frischwasserquelle und zwei Feuerstellen zeigen uns an, dass Zelten hier erlaubt ist. Zu unserem Glück fließt durch den Wald ein kleines Flüsschen, in dem wir uns waschen können.

Ich liebe diesen Ort. Der dichte Kiefern- und Laubwald des Nationalparks lichtet sich hier und macht einer großen Wiese Platz. Diese ist unterbrochen von kleinen Wäldchen und großen Felsen, die mit Bäumen be- und umwachsen sind. Auf dem größten der Felsen stehen die Ruinen einer alten Festung, majestätisch das kleine Tal überblickend. Für mich ist es ein magischer Ort.

Wir legen die Rucksäcke ab, werfen uns ins Gras und machen erstmal ein Nickerchen in der Sonne. Das ist das Leben! Als ich wieder aufwache – die letzten Sonnenstrahlen kitzeln mein Gesicht, bevor die Sonne hinter den hohen Fichtenbäumen verschwindet – umarme ich Gwill, schaue ihn lange an und sage: »Wusstest du, dass wir hier im Paradies sind?«

Als ich spät am Nachmittag barfuß durch den Fluss wate, um auf der anderen Seite der Lichtung nach Feuerholz zu suchen, gluckse ich vor Glück. Hier bin ich in meinem Element. Ich liebe es, draußen zu sein, Feuerholz zu suchen, in Flüssen zu baden und vor allem tut es so gut, keinen Mobilfunkempfang zu haben. Ich schaue nicht mal aufs Telefon, um die Uhrzeit zu wissen, denn die ist mir hier draußen egal.

Wir suchen uns einen schönen flachen Ort, um unser Zelt aufzustellen. Es ist überall leicht abschüssig, was uns bei einem Gewitterregen später noch zugutekommen soll. Als ich Feuerholz suchen gehe, beschließt Gwill, die Ruine auf dem Felsen zu erkunden. Später höre ich einen Pfiff von oben, schaue hinauf, und denke, dass es wahrscheinlich mal wieder ein Vogel mit einem mir unbekannten Warnruf ist. Als Gwill wieder herunterkommt, ruft er mir begeistert zu: »Sue, hast du meinen Pfiff gehört? Ich habe dich von ganz oben gesehen, wie du Holz getragen hast.«

Ich lache und beschließe, mit ihm nach oben zu gehen, um unseren Zeltplatz aus der Vogelperspektive zu betrachten.

Der Ausblick vom Felsen ist herrlich. Man blickt über die Berge des Kleinen Kaukasus, alles ist grün und dicht bewaldet. Als wir wieder hinunterkommen, sind wir hungrig und beschließen, dass es Zeit ist, Feuer zu machen. »Sieht ja so aus, als wolltest du noch eine Woche hierbleiben«, ruft Gwill, als er meinen großen Stapel Feuerholz sieht. Halb scherzend sage ich, dass ich mir das erhofft hatte.

Als das Feuer am schönsten lodert, und ich gerade dabei bin unsere Pasta auf dem kleinen Campingkocher zuzubereiten, ziehen überraschend dunkle Gewitterwolken auf. Zehn Minuten später sitzen wir im Zelt, der Regen prasselt aufs Dach und wir sind froh, dass wir es gerade noch geschafft haben, unser Essen zu kochen, das wir nun genüsslich im Trockenen verspeisen.

In der folgenden Nacht, schlafe ich besser als gedacht. Im Nationalpark gibt es außer Wölfen und Rehen auch Bären. Der Mitarbeiter der Parkaufsicht hatte uns versichert, dass wir uns über Bären keine Gedanken machen müssten. Sie seien menschenscheu und würden sich von uns fern halten. Trotzdem ließ uns später am Lagerfeuer, nachdem sich das Gewitter verzogen hatte, jedes Geräusch aufschrecken. Meine einzige Erfahrung mit Bären stammt von den Nationalparks in den USA. In manchen von ihnen sind die Bären an Menschen gewöhnt, und wir mussten sowohl Lebensmittel als auch Drogerieartikel in einem Behälter weit entfernt vom Zelt aufbewahren, um keine Bären anzulocken.

Vorm Einschlafen bin ich innerlich unruhig. Kann ich dem Mitarbeiter des Nationalparks vertrauen? Würde er es den Touristen denn erzählen, wenn Bären hier ihr Unwesen treiben würden? Andererseits hätte es sich doch bestimmt rumgesprochen, wenn Ausländer in den Wäldern des Kaukasus von Bären angegriffen worden wären. Auf den nächsten Zeltplätzen, auf denen wir übernachten, sehe ich Mülltonnen aus Plastik stehen, und mir wird klar, dass die Bären sich definitiv nicht in diesen Gegenden bewegen, denn sonst wären die Tonnen zerfetzt und der Abfall von ihnen durchsucht worden. Doch das fällt mir erst später auf.

Für diese Nacht beschließe ich, dem Mitarbeiter des Besucherzentrums zu vertrauen. Schließlich arbeitet er seit bereits elf Jahren im Nationalpark und möchte ja auch, dass es den Touristen gut geht. Und überhaupt: Alles im Leben birgt ein gewisses Risiko. Und sollte doch ein Bär auftauchen, dann wird uns schon etwas einfallen. Ich lasse meine Angst los und schlafe tief und fest.

Ich würde gern noch ein paar Tage an diesem idyllischen Ort bleiben, doch Gwill möchte weiterziehen. Ihn treibt es den Löwenberg hinauf, oder Lomismta, der ›Gipfel des Löwen‹, wie die Georgier ihn nennen. Wir gehen den Tag langsam an, wissen wir doch, dass wir zwar ein paar steile Berge zu besteigen haben, die Strecke aber insgesamt nicht länger als 12 Kilometer lang ist. Um halb elf laufen wir los, erwartungsvoll in den Spätsommer hinein. Der Wald ist angenehm dunkel und kühl, das Gehen fällt uns leicht, trotz unserer schweren Rucksäcke. Wir entdecken Pilze in allen Farben und Formen, und genießen den gewundenen Pfad durch den Wald. Es wird ein schöner Tag, und doch sind wir froh, als wir am späten Nachmittag an der Berghütte ankommen.

Wir hatten uns darauf gefreut, den Tag entspannt an einem Lagerfeuer ausklingen zu lassen. Es ist das erste Mal, dass wir auf einem Berg anstatt im Tal übernachten. Doch noch bevor wir an der Schlafhütte ankommen, hören wir von weitem laute Musik und bellende Hunde, und sehen zwei Männer, die Karten spielend vor dem Holzhäuschen sitzen. Ihr Pferd ist an der Hütte angebunden, sechs Hunde kommen kläffend von allen Seiten auf uns zugerannt.

Gwill und ich schauen uns enttäuscht an. Wir setzen uns ein wenig abseits, und überlegen, was wir tun sollen. Eigentlich wollten wir unser Zelt an der Hütte aufbauen, aber hier oben weht ein eisiger Wind und uns wird innerhalb weniger Minuten kalt. Gwill schlägt vor, in der Hütte zu übernachten, doch wenn auch die Männer, die wir für Hirten halten, dort schlafen, ist mir das nicht geheuer.

Ich beschließe zu handeln und erstmal Wasser holen zu gehen. Eine Quelle soll sich laut Karte in fünf Minuten

Entfernung zur Hütte befinden. Nach einer halben Stunde kehre ich unverrichteter Dinge zurück. Die Quelle ist ausgetrocknet, und ich konnte auch keine andere Wasserstelle ausmachen. Gwill sitzt inzwischen bei den Männern am Tisch, vor ihm steht ein Plastikbecher mit hausgemachtem Wein. Ich bin erleichtert. Auch hier oben in den Bergen, im Nirgendwo, gibt es die georgische Gastfreundschaft.

Ich setze mich zu der Truppe und erkläre mit den wenigen Worten Georgisch, die ich kenne, dass ich kein Wasser gefunden habe. Sofort springt einer der beiden Männer auf, sattelt sein Pferd und reitet los, unsere leeren Flaschen im Gepäck. Eine wunderbare Geste. Vielleicht können wir den Abend ja doch noch retten, auch wenn er anders wird, als ich ihn mir vorgestellt habe.

Ich lasse meinen Blick über den Tisch gleiten. Dort liegen Spielkarten, Dominosteine und Khatchapuri, ein mit Käse gefülltes georgisches Brot. Dann sehe ich ein großes Fleischermesser und eine Pistole. Sofort schwindet mein Mut wieder und das unangenehme Gefühl von vorhin steigt erneut in mir auf. Der georgische Hirte muss meinem Blick gefolgt sein, denn er nimmt die Waffe und entlädt sie.

Zehn Minuten später kehrt sein Kumpel mit Wasser zurück. Wir sind dankbar und zeigen das auch. Dann frage ich ihn, ob sie hier oben schon viele Bären gesehen haben, und mein Blick wandert zur Pistole. Er weicht meinem Blick aus und will mir nicht so richtig antworten. Es ist alles sehr merkwürdig. Der zurückgekehrte Hirte vermisst nun seine Hunde, nimmt die Pistole und schießt mehrmals in die Luft. Einen Moment später kommen seine Hunde angerannt und schauen ihn erwartungsvoll an. Aha, dafür braucht er sie also – unter anderem.

Gwill entschuldigt sich und schlendert in den Wald, um sich zu erleichtern, während ich unsere Rucksäcke in die

Hütte bringe. Als wir später ein paar Sachen auspacken und überlegen, wie es weitergeht, hören wir, dass die Hirten ihre Sachen zusammenräumen und sich anschicken zu gehen. Sie werden oben auf dem Gipfel die Nacht verbringen. Erleichterung überkommt mich, und auch ein leichtes Schuldgefühl: Immerhin sind wir es, die sie von diesem schönen Nachtlager vertrieben haben. Ohne uns wären sie vielleicht die Nacht über in der Hütte geblieben. Schließlich gibt es hier über ein Solarpanel elektrischen Strom, und vor dem Haus sind Unmengen Feuerholzes aufgestapelt. Doch dann sage ich mir, dass ohne Touristen wie uns sicherlich keine Hütte hier stehen würde. Mit diesem Gedanken fühle ich mich ein kleinwenig besser, aber ein schales Gefühl bleibt trotzdem zurück.

Gwill und ich gehen nach draußen, die Sonne ist gerade hinter den Bergen verschwunden. Der Wind hat sich gelegt, und das Feuer, welches uns die Hirten hinterlassen haben, lodert munter vor sich hin. Wir holen die kleinen Hocker aus der Hütte, setzen uns an die Feuerstelle, und genießen den Ausblick. Nach unserem Abendessen, das aus Pasta und Tomatensoße besteht, fallen wir müde ins Bett. Ich stelle den Wecker auf sieben Uhr. Wenn wir schonmal auf dem Berggipfel übernachten – denken wir –, wie grandios wäre es doch, den Sonnenaufgang zu sehen. Zumal das kleine Holzhäuschen direkt nach Osten ausgerichtet ist.

Doch das Wetter in den Bergen macht uns einen Strich durch die Rechnung. Als ich am nächsten Morgen hinaus trete, umfängt mich eine dichte Wolkenwand. Ich kann nicht mal von hier bis zur nahen Feuerstelle sehen. Der Nebel ist so dicht, dass ich geradewegs auf einen Abgrund zulaufen könnte, ohne ihn zu sehen. Müde falle ich wieder ins Bett.

Als ich zwei Stunden später die Augen aufschlage, sieht mich Gwill vom Doppelstockbett gegenüber her an. Normalerweise ist er doch nie vor mir wach. »Guten Morgen. Wie fühlst du dich?«, frage ich ihn.

Er grunzt: »Mir ist eiskalt. Der Reißverschluss von meinem Schlafsack ist kaputt, und ich habe die ganze Nacht kein Auge zugetan. Dafür habe ich den Mäusen beim Knabbern zugehört.«

»Oh nein. Eine kalte Nacht in der Hütte, und keinen Instagram-Sonnenaufgang. Komm, ich mach dir erstmal einen Kaffee.«

Nach einer Stunde schultern wir die Rucksäcke. Die Wolken haben sich verzogen, und wir könnten theoretisch ganz hinauf auf die Spitze des Löwenberges steigen. Doch das wären noch einmal mindestens drei Stunden für Auf- und Abstieg, und da wir nur noch zwei Liter Wasser für den ganzen Tag haben, beschließen wir, direkt zum letzten Zeltplatz auf der anderen Seite des Nationalparks hinabzuwandern. Der Abstieg ist schön und abwechslungsreich, kleine Waldstücke wechseln sich mit Wiesen ab, und dazwischen erhaschen wir immer mal wieder einen Blick auf die Berggipfel. Doch nach fünf Stunden – also eigentlich einem kurzen Tag für uns –, freuen wir uns sehr, als wir den Campingplatz erreichen.

Zurück in einer anderen Ferienwohnung in Borjomi lasse ich ein paar Tage später die letzte Zeit Revue passieren. Wir sind seit zehn Tagen in Borjomi und Umgebung. Ich stelle mal wieder fest, dass dies unsere liebste Art ist zu reisen: Mindestens ein bis zwei Wochen an einem Ort verweilen, wandern, essen, die Stadt und Umgebung erkunden, ein Gefühl für die Gegend und die Menschen bekommen. Und dann gibt es auch jene Tage, an denen wir einfach nichts tun.

Wir könnten wandern, in einem See oder Wasserfall baden gehen, den Nationalpark erkunden, doch im Moment geht gar nichts: Gwill hat schlimme Zahnschmerzen. Vor drei Tagen lag er die ganze Nacht wach, und erst seit er vorgestern mit Salomes Hilfe einen Zahnarzt aufgesucht hat, sind die Schmerzen besser. Wir beschlossen, den Aufenthalt in unserer gemütlichen kleinen Ferienwohnung noch um ein paar Nächte zu verlängern, um seine Zahnwurzelentzündung auszukurieren.

Von der Terrasse unserer Ferienwohnung sieht man die bewaldeten Berge des Nationalparks. Über unserer Sitzecke wachsen Trauben an dicken verschlungenen Ranken. Die kleine Sitzecke, die wir ganz für uns haben, ist gemütlich und es ist schön, mal wieder unsere Privatsphäre mit eigener Küche und Bad zu haben. Zwar sind wir während der Georgienreise gerne in Gästehäusern – das gibt uns die Möglichkeit, die Kultur und das Leben der Georgier hautnah mitzubekommen – doch wir teilen eben auch die Küchen der Besitzer, und dann fühlen wir uns manchmal, als hätten wir mehrere Mütter, die beim Kochen über uns ›wachen‹, und aufpassen, dass wir ihre Töpfe nicht zerkratzen. In der Ferienwohnung fühlen wir uns nun, als wären wir aus dem ›Elternhaus‹ ausgezogen, als wäre es eine große Freiheit, unsere eigene Wohnung zu haben, und wir grinsen, als wir dieses Gefühl an einem Abend bei einem Tiefkühlgericht und Wein teilen. Unsere Gastmütter hätten uns aus dem Hause gejagt, hätten sie unsere ›Kochkünste‹ gesehen.

SIGHNAGHI

»Ich möchte eine Milch bitte«, sage ich auf Georgisch zum Ladenbesitzer. Milch heißt auf Georgisch ›Rdze‹, mit seinen drei aufeinanderfolgenden Konsonanten ein schwieriges Wort, da die drei Konsonanten auch genauso ausgesprochen werden wie sie geschrieben werden. Doch der Verkäufer versteht meine Aussprache nicht. Also mache ich ein Geräusch, das meiner Meinung nach dem Muhen einer Kuh ähnelt. Der Mann haut sich bald weg vor Lachen und bringt uns eine Packung Milch. Ich freue mich darüber, ihn so amüsieren zu können und wir lachen gemeinsam. Auch die anderen Kunden im Laden schmunzeln durch ihre Atemschutzmasken.

Wir bezahlen die Milch und verlassen den Laden. Gwill grinst, schaut mich prüfend an und sagt: »Also für Tiergeräusche würde ich dich nicht als Ansprechpartner wählen.«

»Warum nicht?«, protestiere ich sofort. »Der Ladenbesitzer wusste gleich, was ich wollte, und du hast ja nur dagestanden und immer wieder ›Milch‹ auf Englisch gesagt.«

»Ja, und du hast ein Schaf imitiert, aber keine Kuh.«

Ich lache aus ganzem Herzen, denn nun ist mir klar, warum sich alle aufs Beste amüsiert haben. Mir wird bewusst, dass ich nach der Wein- und Chacha-Verkostung am Mittag so angetrunken bin, dass ich überzeugt war, die perfekte Kuh zu imitieren.

So ist eben Kakheti, die Weinregion im Osten Georgiens. Für mehrere Tage probiere ich hier immer wieder Weine und Chachas und bin dabei eigentlich die ganze Zeit leicht angetüdelt. Ein schönes Gefühl.

Schon heute Mittag ging es mit dem Trinken los. Gwill und ich sind umgezogen, von unserem Gästehaus im Zentrum Sighnaghis in eine Ferienwohnung auf einem der Hügel am Rande des winzigen Städtchens. Der Blick ist umwerfend und so beschließen wir, erst einmal ein Glas Wein auf dem Balkon zu trinken, auf dem ein gemütliches Sofa steht. Es ist zwar erst ein Uhr am Mittag, aber: ›Rato ara?‹, auf Deutsch: ›Warum nicht?‹

Als wir danach in die Stadt schlendern, entdecke ich eine kleine überdachte Markthalle, in dem Obst und Gemüse, sowie Churchuela und zu meinem Entzücken auch selbstgemachte Weine und Chacha angeboten wird. Unschlüssig stehe ich vor den Regalen, in denen durchsichtige Plastikflaschen mit verschiedenfarbigen Flüssigkeiten gefüllt stehen. Eine Marktfrau ruft mir bereits von weitem englische Worte zu: »Wein? Chacha?« Und schon reicht sie mir einen kleinen Plastikbecher, der so aussieht, als hätte ihn schon der letzte Kunde zum Probieren benutzt. Na ja, denke ich mir, Schnaps desinfiziert. Und im Nu schenkt die Frau ein, einen Chacha nach dem anderen; mit und ohne Pfirsich, im Eichenfass gereift und Cognac mit und ohne Mandeln.

Nach zehn Minuten ist mir schon wunderbar ringelig im Kopf. Ich lache und sage der Dame, dass ich heute noch kein Frühstück oder Mittagessen hatte, um meine rasche Angetrunkenheit zu entschuldigen. Und was macht sie? Sie schneidet eine Tomate auf, streut Swanisches Salz, eine spezielle Gewürzmischung aus Swanetien, darauf, gießt selbstgepresstes Sonnenblumenöl darüber, und reicht mir ein Stück nach dem anderen zum Essen. Ich liebe diese Spontanität der Georgier und Georgierinnen.

Meine Hände tropfen vom Öl, ich lache die Marktfrau an, und sie reicht mir ein Tuch, um meine Finger abzutupfen. Ich kaufe den Chacha, der im Eichenfass gereift ist – ich will mal was Neues ausprobieren. Wie ich bei unserer ersten Wein- und Chacha-Probe in Gios Weinkeller gelernt habe, hat der selbstgebrannte Chacha oft 50 Prozent Alkohol und mehr. Das fällt mir gerade wieder ein, deswegen stieg er mir auch so schnell zu Kopf.

Den Rest des Tages verbringen wir auf unserem wunderbaren, riesigen überdachten Balkon. Es ist ein nebliger Spätsommertag im September, man fühlt den Herbst in der kühlen Luft. Es regnet mal mehr, mal weniger, und immer wieder geben die aufziehenden Wolken den Blick auf das Alazani-Tal frei. Der Blick über das Tal mit dem gleichnamigen Fluss ist einzigartig. Da Sighnaghi auf einem Hügel liegt, erstreckt sich das Tal lang und breit vor uns. Im Hintergrund sieht man die Berge des Kleinen Kaukasus, deren Wipfel noch nicht schneebedeckt sind. Hier sind die Berge nicht ganz so hoch wie in Swanetien, im Großen Kaukasus.

Auf der einen Seite des Tals sehen wir die alte Kirche von Sighnaghi, das Fotomotiv der Region. Daneben befindet sich das einzige begehbare Stück der alten Stadtmauer, gebaut im 18. Jahrhundert, die als längste Stadtmauer Georgiens gilt. Sie schützte Sighnaghi und die umliegenden Dörfer vor den Angriffen dagestanischer Stämme. Sighnaghi bedeutet ›schwer erreichbarer Ort‹ und wurde an dieser Stelle gegründet, weil sich hier – anders als der Name sagt – wichtige Handelswege kreuzten.

Gwill und ich fühlen uns gut dabei, heute nicht viel zu machen, außer zu trinken, zu essen, zu lesen und zu schlafen. Ich denke viel an unsere Erlebnisse gestern: Wir waren den ganzen Tag unterwegs, haben Trauben gepflückt, Wein verkostet und ein gutes georgisches Abendessen genossen. Wir hatten das unfassbare Glück, bei der Weinernte in einem kleinen Tal in Nukriani, unweit von Sighnaghi, helfen zu können.

Nach unserer Ankunft in dieser Gegend vor einigen Tagen fand ich ein wunderschönes Weingut mit dem Namen ›Cradle of Wine‹, zu Deutsch ›die Wiege des Weins‹, das von einem Amerikaner geführt wird. Trotz unserer spontanen Anfrage konnten wir noch am selben Tag eine Weinverkostung auf Englisch mit Chauncy, der bezaubernden Frau von Besitzer Paul, buchen. Eigentlich hatten wir eine Einführungsverkostung vereinbart, doch wir waren so begeistert von ihren Erzählungen und ich so geradeheraus mit meinen Einschätzungen der Weine, dass Chauncy beschloss, mich noch von mehreren Weinen und auch Chachas probieren zu lassen. Als ich den typisch georgischen Weißwein ›Rkatsiteli‹ probiere, muss ich mich zusammenreißen, um ihn nicht gleich wieder auszuspucken. Chauncy sieht mir an, dass ich ihn nicht mag. Sie schenkt sich sogar selbst ein Glas ein und probiert, ob der Wein nicht gekippt ist in der Flasche. Ist er nicht. Er schmeckt genauso, wie er schmecken soll. Da in Georgien sehr oft die Haut der Trauben sowie Kerne und Stämmchen zur Fermentation hinzugegeben werden, hat der typisch georgische Weißwein eine sehr erdige, saure, und für den europäischen Geschmack ungewöhnliche Note. Auf unserer bisher zweimonatigen Reise habe ich den Weißwein fast überall probiert, aber kann mich einfach nicht darauf einstellen. Als ich neulich eine Reportage über Georgien sah, ging es den Deutschen, die ihn probierten, genauso wie mir. Faszinierend.

Doch es gibt einige Weißweine, die an den europäischen Geschmack angepasst sind, und auch diese lässt Chauncy mich kosten. Wirklich angetan hat es mir jedoch ein Rotwein der Traube Saperavi aus Anage, einem kleinen Dorf östlich von Sighnaghi. Auch hier wurden die Trauben mitsamt Stämmchen für vier Wochen in dem Qvevri, dem traditionellen Tongefäß, gelassen und dies gibt dem Rotwein eine würzige Note, die ich bisher noch nicht kannte.

Chauncy erzählt uns, dass der Georgier, der diesen Wein anbaut, 84 Jahre alt ist. Ich bin beeindruckt, dass der Winzer in diesem hohen Alter immer noch Wein verarbeitet. Dann merkt sie noch an, dass die Zusammenarbeit zwar gut, der alte Mann selbst jedoch etwas merkwürdig ist: In seinem Haus habe er ein Bild von Stalin in dessen schönstem Anzug an der Wand hängen. Sie findet das befremdlich, und wir stimmen ihr zu. Wie ich gelesen habe, ist es gar nicht so unüblich, dass einige alte Georgier den sowjetischen Diktator Josef Stalin als ›einen der ihren‹ betrachten. Er stammt ja schließlich aus der georgischen Stadt Gori, und sie gedenken seiner als jenen Mann, der Hitler besiegt hat. In Deutschland wäre es undenkbar, ein Bild von Adolf Hitler an der Wand hängen zu haben, ja es ist sogar verboten.

Mein zweiter Favorit ist ein Rotwein, der aus für den Winzern unerklärlichen Gründen eine zweite Fermentation in der Flasche durchmacht. Er sprudelt leicht wie Champagner und schmeckt am besten gekühlt. So etwas habe ich noch nie zuvor getrunken. Überhaupt ist es für mich ein ganz neues Geschmackserlebnis gekühlte Rotweine zu trinken. Da viele Georgier Rotwein aus ihren eigenen Trauben selbst herstellen, ohne Zusätze oder Konservierungsstoffe, bewahren sie ihn, um ihn vor schnellem Verderben zu schützen, im Kühlschrank auf. Das schmeckt unerwartet gut.

Als wir uns nach der zweistündigen Verkostung verabschieden, frage ich Chauncy wie zufällig (obwohl natürlich von mir von langer Hand geplant), ob sie manchmal Helfer bei der Weinernte bräuchten.

»Oh ja«, antwortet sie, »das tun wir. Wir fahren morgen auf unseren Weinberg ganz in der Nähe und könnten dafür noch ein paar helfende Hände gebrauchen.«

Ich strahle sie an. Sie gibt mir die Nummer ihres Mannes, um die Details zu klären, und am nächsten Morgen stehen wir halb neun vor der Tür ihres Weinguts.

Am Vorabend war ich aufgeregt und glücklich, ich sprang auf und nieder in unserem kleinen Zimmer in unserer Pension und Gwill schaute mich kopfschüttelnd an. »Was ist nur so aufregend daran, einen Tag ohne Bezahlung zu arbeiten?« Auch Paul wird mich das am nächsten Tag fragen.

»Das ist eine gute Frage«, sage ich lachend. »Weißt du, es ist so, dass ich für mein Leben gern Wein trinke. Deshalb interessiert mich alles, was mit Weinverarbeitung zu tun hat. Und Georgien ist die Wiege dieses köstlichen Traubensafts. Hier wurde nachweislich schon 6000 v.Chr. Wein hergestellt, und die Methode ist immer noch dieselbe, damals wie heute. Ich möchte teilhaben an diesem Prozess der Herstellung, sehen wie es funktioniert, und es vielleicht eines Tages, wenn ich nicht mehr reise, selber machen.«

Zum Glück lässt sich Gwill – zumindest teilweise – von meiner Begeisterung anstecken. Dabei mag er Wein überhaupt nicht.

Wir verbringen also den nächsten Tag damit, Trauben zu ernten – und was für ein Tag es ist! Das Wetter ist perfekt, warm, aber bewölkt, so dass es zwischen den Weinreben ohne jeglichen Schatten nicht zu heiß wird. Ich glaube, Weintrauben zu ernten ist eine der leichtesten Arbeiten, die ich je gemacht habe. Die Guten ins Töpfchen, die Schlechten ins Kröpfchen. Alles, was vertrocknet ist, gehört nicht in den Eimer. Wir ernten ganz untraditionell mit großen Plastikeimern, die wir dann in Kisten ausschütten. Ich hatte am Vorabend scherzend zu Gwill gesagt, dass ich mir das so ganz traditionell vorstelle, mit einem handgeflochtenen Korb auf dem Rücken, in den die Trauben kommen. Ich hatte vor, in Gwills Korb zu sitzen und Trauben zu naschen, während er die Arbeit des Pflückens verrichtet. Doch mit den Eimern funktioniert das ganz wunderbar. Zu sechst ernten wir zehn Reihen mit je hundert Metern Länge an einem halben Tag. Wir müssen uns nicht schinden, schließlich stehen wir ja nicht am Fließband. Es ist schön, ohne Zeitdruck arbeiten zu können. Am Abend lobt Paul unsere Genauigkeit, es waren kaum Blätter zwischen den Trauben, und wir haben weniger übersehen als andere Helfer. Eine Tonne Trauben haben wir insgesamt geerntet.

Nachdem wir zurück zum Weingut kommen, frage ich, ob wir die Verarbeitung der Trauben miterleben dürfen. »Selbstverständlich«, ruft Paul. »Außerdem habe ich euch doch erzählt, dass nach der Weinlese traditionell gefeiert wird.« Ah, das hatte ich gehofft.

Wir betreten das Weingut mit traumhaftem Blick über die Berge, und schon reicht Paul uns ein Glas Wein der Traube vom letzten Jahr, die wir soeben geerntet haben. Inzwischen baut der georgische Mitarbeiter Lago im Hof die elektrische Traubenpresse auf. Ein langer Schlauch führt von der Maschine durch ein Fenster hinein in den Weinkeller, wo die Qvevris in die Erde eingelassen sind. Qvevris sind die traditionellen Tongefäße, in denen der Wein fermentiert wird. Da sie aus Ton bestehen, kann der Wein in ihnen atmen und hat so eine andere Qualität, als bei der modernen Fermentation in Stahlbehältern. Große

Qvevris können bis zu 2000 Liter Flüssigkeit fassen und kosten um die 2000 Euro.

Chauncy führt mich in den Keller, wo wir sehen, wie die Qvevris mit Traubensaft gefüllt werden. Die Presse drückt die Trauben von ihren Stämmchen, aber Kerne und die Haut sind noch darin. Es ist eine milchig-weiße Flüssigkeit, die wir da sehen, durch das Pressen schäumt der Traubensaft auf. Wir können bereits die Anfänge der Fermentation wahrnehmen, es riecht nach gegorenem Traubensaft. Dieser bleibt nun für ungefähr zwei Wochen in den Qvevris, danach wird die Flüssigkeit abgeschöpft und in große Plastebehälter gefüllt.

Wir gehen wieder in den Hof, wo die Männer die randvoll mit Trauben gefüllten Kisten in die Presse entleeren. Überall spritzt Traubensaft und auf dem Boden liegen die übrigen Stämmchen, die die Presse ausspuckt. Schnell noch die letzten Kisten ausgeleert, schon gehen wir wieder nach oben, wo im Wohnzimmer nun ein großes Feuer im Kamin flackert.

Die Haushälterin hat inzwischen traditionelle georgische Gerichte aufgetischt. Zwischen mit Käse gefüllten Broten stehen große Teller mit gewürztem und gegrilltem Schweinefleisch, gegrillte Auberginenstücke in Walnusssauce und Granatapfelkernen sowie riesige Schüsseln mit Tomaten-Gurken-Salat. Paul öffnet die zweite Flasche Wein, diesmal ein roter Saperavi. Wir genießen das Essen, die gute Unterhaltung und lehnen uns schließlich satt und zufrieden zurück. Genauso hatte ich mir die Weinlese vorgestellt.

Als wir abends ins Bett fallen, nehme ich Gwill fest in meine Arme und flüstere ihm ins Ohr: »Danke, dass du heute dabei warst, so interessiert und motiviert, obwohl du doch so gar nicht gern Wein trinkst. Nächstes Jahr gehen wir Hopfen pflücken.«

Hilton Hovel – Hilton Hütte

Drei Tage später haben wir das Glück, Paul und Chauncy erneut bei der Weinlese helfen zu dürfen. Die beiden waren zufrieden mit unserer Arbeit und laden uns ein, bei einem beträchtlich größeren Weinberg mit anzupacken. Ihr Mitarbeiter Levan nimmt uns am Sonntagmittag mit zum Weinberg, wo wir die Nacht im Zelt verbringen wollen, um am nächsten Morgen zeitig mit der Arbeit zu beginnen.

Als wir in Khasmi, 30 Kilometer östlich von Tbilisi ankommen, weht ein kalter Wind über die flache weite Weinebene von Kachetien. Glücklicherweise gibt es auf dem Weinberg ein kleines Gebäude, das Gwill sofort das ›Hilton Hovel‹, also die ›armselige Hiltonhütte‹ tauft. Es ist ein kleines Steingebäude mit rundum isolierten Wänden, die einen halben Meter dick sind. Drinnen steht ein einzelnes Bett. Die Fenster sind doppelt verglast und lassen keinen Hauch Wind durch. Diese Hütte ist besser gebaut und isoliert als die meisten georgischen Häuser, die wir bis jetzt gesehen haben. Warum Paul sie hier hat bauen lassen, wird für immer ein Geheimnis bleiben. Als wir ihn danach fragen, erzählt er uns nur, dass er in mehreren Jahren nur ein einziges Mal nach der Weinernte darin übernachtet habe und es eiskalt gewesen sei. Mehr ist aus ihm nicht herauszubekommen. Doch für uns soll es eine kuschlig warme Nacht werden. Windgeschützt und mit einem Federbett von Chauncy ausgestattet, verbringen wir eine gemütliche Nacht in unserem ›Hotel am Weinberg‹.

Auch diesmal lassen Paul und Chauncy sich nicht lumpen und laden uns am Abend vor der Ernte in ihr Hotel zum Abendessen ein. Es gibt hervorragende georgische Küche sowie Wein von Pauls Weingut. Der Winzer schafft es, genau jenen Weiß- und Rotwein auf den Tisch zu bringen, der mir bei der Verkostung am besten geschmeckt hatte. Ich bin glücklich und genieße den Abend, das gute Essen, den Wein und vor allem die Gesellschaft der beiden Amerikaner sowie ihren Freunden Tanya und Thomas, die uns auch diesmal wieder bei der Weinernte helfen werden.

Die beiden kommen jedes Jahr im Herbst aus Moskau und verbringen eine Woche mit ihren Freunden in Georgien zur Weinernte. Tanya, die aus Moskau stammt, erzählt uns Geschichten aus ihrem Leben und ihr Mann Paul, der ebenfalls Amerikaner ist, spricht über einen Roman, an dem er gerade schreibt. Beide lachen gern und viel und kümmern sich rührend um uns. Es wird wieder ein wunderbarer Abend.

Am nächsten Morgen gegen neun trudeln nach und nach die ersten Helfer ein. Insgesamt sind wir zwanzig Männer und Frauen, die die drei verschiedenen Traubensorten pflücken. Ein Rotwein und zwei verschiedene Weißweine werden aus den Trauben gemacht.

Nachdem Paul mit einem kleinen Gerät den Zuckergehalt der Trauben überprüft hat – er ist bei 25% – beginnen wir mit der Lese. Viele Hände machen leichte Arbeit und so sind wir bereits am frühen Nachmittag fertig.

Ich unterhalte mich mit einer Georgierin, die zu meiner Überraschung perfekt Deutsch spricht. Sie ist seit einigen Jahren im Ruhestand, nachdem sie als Deutschlehrerin gearbeitet hat. Ihre Rente reicht nicht für Medikamente und andere wichtige Dinge, sodass sie täglich Brot in Tbilisi kauft und es in ihrem Dorf wiederverkauft. Auch die Weinernte ist eine gute Gelegenheit, ihr mageres Einkommen aufzustocken.

Später frage ich Paul, wie viel die Georgier für einen Tag bei der Weinernte verdienen. Vierzig Lari, also umgerechnet elf Euro plus ein Mittagessen, das aus gegrilltem Schweinefleisch und Brot besteht. »Der Wettbewerb ist hart,« erzählt er. »Es gibt kaum noch genug Arbeiter, da in den letzten Jahren mehr und mehr Weinkeller ihre Türen geöffnet haben, und in der fruchtbaren Region um Khasmi immer mehr Wein angebaut wird. Das treibt die Preise nach oben. Viele Weinbauern zahlen mehr, es gibt das Mittagessen inklusive, und zusätzlich werden die Leute aus ihren Dörfern abgeholt und zu den Weinbergen gefahren. Doch dafür ist es üblich, den Tagessatz zu zahlen, egal wie lang die Ernte dauert, also in unserem Fall nur vier Stunden. Und wenn es um elf zu regnen beginnt, und wir die Ernte abbrechen müssen, erwarten die Leute trotzdem ihr Geld.«

Als Paul mir das erzählt, sitzen wir gemeinsam im Auto, um eine Fleischerei für das Mittagessen zu finden. Die hellgelbe Farbe des Bodens und die Weite der Landschaft erinnern mich an die Atacama Wüste in Chile, doch ist die Erde hier, im Gegensatz zur Wüste, unglaublich fruchtbar. Regelmäßige Regengüsse sorgen für genug Wasser, um die Trauben gedeihen zu lassen. Ich kann weit über die Ebene schauen, bis zum Kleinen Kaukasus südlich von uns. Überall erstrecken sich Weinberge kilometerweit in alle Richtungen, soweit das Auge reicht. Auf ihre eigene Art ist es eine wunderschöne Landschaft.

Blick über Sighnaghi mit dem Alazani Tal und dem Großen Kaukasus

Weinebene vor Tbilisi, auf der wir beim Trauben pflücken halfen

Zurück in Lagodekhi

Lucky in Lagodekhi – Glück haben in Lagodekhi

Das hat eigentlich die perfekte Überschrift für unsere Zeit in Lagodekhi sein sollen. Mittlerweile bin ich mir nicht mehr so sicher, ob wir hier wirklich Glück haben. Seit drei Tagen regnet es ununterbrochen, die Berge sind wolkenverhangen, und wir sitzen in unserem Gästehaus fest. Wir sind von Sighnaghi nach Lagodekhi gefahren, um auch hier bei der Weinernte zu helfen und um die dreitägige Wanderung zum Schwarzen Steinsee zu unternehmen. Beides scheint im Moment unmöglich. Der dichte Regen macht uns einen Strich durch die Rechnung und laut Wettervorhersage soll es noch eine Woche so nass bleiben.

Doch so schlimm ist das eigentlich gar nicht. Es ist gemütlich in unserem kleinen Zimmer mit Blick über die Weinreben des Nachbarn. Unsere Gastmutter Maka strahlt immer, wenn sie uns sieht. Sie hatte sich riesig gefreut, als wir nach zwei Monaten wieder bei ihr eingetrudelt waren. Nach einer herzlichen Umarmung und Erzählungen über unsere Reise durch Georgien stellt sie mir drei Flaschen hausgemachten Weines zur Verkostung hin. Ich probiere sie alle und bin am meisten hingerissen von ihrem Pinot Noir, einer französischen Traube, die ich hier das erste Mal in Georgien entdeckt habe. Maka strahlt mich an und sagt: »Ach, behalte doch alle drei Flaschen. Sie sind ein Geschenk von meinem Mann, weil du doch unseren Wein so gerne trinkst.« Wahnsinn, diese Familie und diese Herzlichkeit.

In den nächsten Tagen bringt uns Maka ihren selbstgebackenen Apfelkuchen, Kakis, georgische Persimonen, und Walnüsse aus ihrem Garten, und bekocht uns aufs Köstlichste mit allerlei georgischen Spezialitäten. Immer wenn sie kocht, stellt sie sicher, dass es etwas anderes gibt als beim letzten Mal, so dass wir eine große Auswahl an einheimischer Küche genießen können. Wir fühlen uns wie zuhause.

Die Krönung ist eine Einführung in die Herstellung von Khinkali. Seit Wochen spricht Gwill davon, dass er wissen will, wie die georgischen Teigtaschen gemacht werden, und dass wir unbedingt Maka fragen müssen, ob sie es uns zeigt. Und sie ist sofort bereit dazu. Am Abend unseres ersten Tages hat sie schon alles vorbereitet, und wir haben die Chance, diese köstlichen Teigtaschen selbst zu füllen und zu falten. Gwill ist in seinem Element, und als wir am Abend müde ins Bett fallen, strahlt er mich an. »Jetzt weiß ich, wie man Khinkali macht, das müssen wir unbedingt zuhause ausprobieren.«

An unserem ersten Tag in Lagodekhi, dem letzten sonnigen Tag vor Beginn der Regenperiode, machen wir eine Wanderung im Osten des Nationalparks, kurz vor der Grenze zu Aserbaidschan. Nach ein paar Kilometern stehen schon die Grenzposten bereit, um unsere Pässe zu kontrollieren. Dann geht es langsam bergan durch einen immer dichter werdenden Märchenwald. Hainbuchen, mit ihren langen verknoteten Ästen finden sich um uns herum, die Äste dicht mit

Moos bewachsen. Wir können nicht weiter als ein paar Meter in den Wald hineinsehen. Die Bäume sehen aus, als wollten sie nach uns greifen. Wir hören Insekten zirpen, fast so laut wie Helikopter. Es ist ein bisschen unheimlich und gleichzeitig wunderschön. Es ist ganz anders als all die anderen georgischen Wälder, in denen wir bisher gewandert waren.

Doch das Beste kommt noch: Als wir auf halber Strecke die Festung Machi anschauen, das eigentliche Ziel dieser Wanderung, treffen wir auf Zaza, der Ranger aus dem Nationalpark, dem wir bei unserem ersten Besuch in Lagodekhi immer wieder begegnet sind. Er führt eine Gruppe von Amerikanern, und ist hocherfreut, uns zu sehen. Er erkennt uns sofort wieder, und schüttelt uns enthusiastisch die Hände. Wir unterhalten uns kurz darüber, dass wir eigentlich die dreitägige Wanderung zum Schwarzen Steinsee machen wollten, aber das Wetter nicht gut genug dafür sei, bekommen aber wieder nur eine kryptische Antwort von ihm.

Als wir uns auf den Rückweg von der Festung machen, schütteln wir uns vor Lachen. Nach zwei Monaten sind wir den ersten Tag zurück in Lagodekhi, wir machen eine Wanderung im abgelegensten Teil des Nationalparks, und wen treffen wir? Zaza!

Mittlerweile ist es Anfang Oktober, wir sind seit einer Woche in Lagodekhi und warten auf besseres Wetter. Ganz Georgien ist von den Regenschauern erfasst, sodass es keinen Sinn macht, woanders hinzufahren. Um mir die Zeit zu vertreiben führe ich lange Gespräche mit Maka, sie stellt mir Tee hin und Plätzchen und dazu selbstgemachte Himbeermarmelade. Ich frage sie nach der wirtschaftlichen Lage der Einwohner Lagodekhis. Uns war aufgefallen, dass viele Häuser hier verlassen und heruntergekommen sind. Es sind wunderschöne Gebäude, mit großen Balkonen, die sich über die gesamte Länge des Hauses ziehen, die Geländer mit Ornamenten geschmückt, dazu riesige Obstgärten und traubenbedeckte Terrassendächer. Ich habe gelesen, dass Lagodekhi wirtschaftlich einmal sehr gut aufgestellt war. Hier wurden Tabak, Tee und Zitronen angebaut und in weite Teile der Sowjetunion exportiert. Auch Obst und Gemüse und natürlich Weintrauben zur Weinherstellung wachsen hier, sogar noch besser als in anderen Teilen Georgiens. Doch mit dem Zusammenbruch der Sowjetunion und der Unabhängigkeit der ehemaligen Sowjetrepubliken begann der wirtschaftliche Zusammenbruch. Lagodekhi und das restliche Georgien stürzten in eine schwere Wirtschaftskrise. Russland beschloss, immer weniger der kostbaren landwirtschaftlichen Erzeugnisse aus Georgien zu importieren. Außerdem stellte der große Nachbar den Georgiern den Energiezufluss ab, aus Trotz über deren Abtrünnigkeit und auch, weil Georgien nicht mehr zahlungsfähig war.

»Seit Anfang der 1990er Jahre bis 2002 hatten wir nur ganz selten Elektrizität, und wenn überhaupt, dann nur mal für ein, zwei Stunden in der Nacht,« erzählt mir Maka. »Ich erinnere mich, wie wir hier draußen ein Feuer gemacht haben, Holz hatten wir glücklicherweise genug. Dann haben wir Brot über dem Feuer gebacken. Auch Butter haben wir selbst hergestellt, drei Stunden lang mussten wir dafür das Gefäß, indem wir die Butter machten, hin- und her schaukeln. Heute mache ich das mit meinem elektrischen Mixer in zehn Minuten.«

Ich frage Maka, ob sie jetzt für Wasser und Elektrizität zahlen müssen. In Swanetien zum Beispiel sind diese beiden Güter für alle Einwohner umsonst. »Ja, für Elektrizität müssen wir heute zahlen, doch damals gab es noch keine Elektrizitätsmesser. Sie wollten uns auch das Wasser in Rechnung stellen, aber da hat keiner mitgemacht. Wenn wir den Strom nicht bezahlen, stellen sie ihn ab. Aber das Wasser können sie nicht abstellen, da gibt es zu viel davon.« Sie grinst mich verwegen an. »Das Wasser kommt ja aus den Bergen, und es läuft ununterbrochen. Wenn sie versuchten, das abzustellen, würde ganz Lagodekhi überfluten, das geht ja gar nicht.«

Das Wasser hier wird direkt aus den klaren Bergquellen entnommen, und da es oft regnet, ist immer genügend vorhanden, auch in den heißen Sommern.

»Ich erinnere mich«, fährt meine Gastgeberin fort, »dass wir nachts mit Kerzen da saßen, und wenn wir eine Party hatten im Studentenwohnheim, dann haben wir diese Gasoline-Laternen gehabt. Am nächsten Morgen waren unsere Gesichter rußgeschwärzt, aber nachts ist uns das gar nicht aufgefallen. Mit Gasoline haben wir auch geheizt.« Maka lächelt, während sie von damals erzählt. Dann sagt sie: »Es waren harte Zeiten, wirkliche harte Zeiten, aber meine Erinnerungen daran sind trotzdem positiv. Doch viele hatten keine Arbeit, und diejenigen, die in Anstellung waren, wurden oft nicht bezahlt. Meine Mutter hat an einer Schule unterrichtet, aber sie hat über Jahre hinweg kein Gehalt bekommen.« Dann kommt sie auf die leerstehenden Häuser zurück: »Nicht nur Lagodekhi, sondern ganz Georgien ist arm. Viele junge Menschen und vor allem Frauen gehen ins Ausland, um dort Arbeit zu finden. Viele Frauen aus Lagodekhi arbeiten in Griechenland, Italien und den USA. Dort pflegen sie alte Menschen, denn es gibt nicht genügend Einheimische, die das machen wollen. Und obwohl es heute besser ist als vor zwanzig Jahren, sind die Menschen immer noch arm. Meine Eltern bekommen jeder 275 Lari Rente monatlich (das sind 75 Euro). Das reicht nicht für Dinge wie Medikamente, Kleidung und was man sonst noch zum Leben braucht. Zum Glück besitzen sie das Gästehaus, dadurch haben sie extra Einnahmen.«

Für einen Moment schäme ich mich fast dafür, dass wir das preiswertere Zimmer für elf Euro die Nacht beziehen, anstatt das teurere für fünfzehn Euro. Dann fragt sie mich, ob wir nach unserer Reise so einfach wieder Arbeit fänden, und ich erzähle ihr, dass es für uns als Tischlerin und Zimmermann sehr einfach ist, jederzeit Arbeit zu bekommen. »Hier wäre das nicht möglich«, sagt Maka. »Es gibt kaum Arbeit, und wer welche hat, gibt sie nicht so einfach auf.«

In einem anderen Gespräch frage ich unsere bezaubernde Gastmutter: »Maka, als wir in Tbilisi im Stadtteil Sololaki wohnten, stellten wir fest, dass die Häuser teilweise extrem zerfallen waren. Wir dachten, die Menschen hätten kein Geld, um die Gebäude instand zu halten. Doch in den Hinterhöfen standen riesige teure Autos. Das passte nicht zusammen.«

Maka lacht: »Ja, das ist typisch für Georgier. Sie nehmen Kredite und Hypotheken auf, um sich teure Autos und teure Kleidung zu leisten, aber sie haben kein Geld, um Essen zu kaufen. Es ist sozusagen mehr Schein als Sein.«

Ich erinnere mich, dass auch Karina aus Mestia uns das erzählt hatte. Sie sagte: »Seht ihr manchmal, dass sehr gut gekleidete Georgier fünf oder zehn Brote kaufen und sie nach Hause tragen? Davon leben sie hauptsächlich, denn ein Brot kostet circa dreißig Cent, das ist das billigste Nahrungsmittel, das du hier kaufen kannst.«

Mir war aufgefallen, dass Maka immer so ein Leuchten in den Augen hatte. Sie hat eine Seelenruhe, als könnte sie nichts aus dem Gleichgewicht bringen. Ich bewundere, wie sie sich ganz gelassen um das Gästehaus kümmert,

Betten bezieht, sich ausführlich mit den Gästen aus aller Welt unterhält. Und das alles, während sie sich um ihre vier Kinder kümmert, das Kleinste davon ist zwei Jahre alt; während sie kocht und ihren Vater versorgt, der sich aufgrund seiner Arthritis nur langsam bewegen kann, und daher ans Haus gebunden ist.

Als ich sie nach ihrer Religion frage, wird mir klar, woher dieses innere Gleichgewicht kommt. Sie erzählt mir, dass sie orthodoxe Christin ist, wie fast alle Georgier, die Bergvölker ausgenommen. Der christliche Glaube ist in Georgien stark verankert. Im ganzen Land war mir aufgefallen, dass die vielen Kirchen gut gepflegt sind, und überall stehen Kreuze, die am Abend beleuchtet werden. Die Menschen bekreuzigen sich, wenn sie an Kirchen und Kreuzen vorbeigehen, also sehr oft. Auch kleine Altäre sind in fast jedem Gästehaus zu finden. »Die heilige Nino hat das Christentum im vierten Jahrhundert nach Georgien gebracht«, erzählt Maka mir. »Georgien war damit eines der ersten Länder, das zum Christentum übergetreten ist. Ich bete jeden Morgen und Abend, für zehn Minuten, das gibt mir viel Halt und inneren Frieden.«

Im Hintergrund sehe ich ihren Mann Giorgi, der gerade eine Pause von seiner handwerklichen Arbeit macht. Er grinst mich an: »Sie soll bloß nicht zu viel beten, sonst wird sie noch verrückt.«

Maka dreht sich zu mir und erwidert: »Weißt du, wenn ich sonntags in die Kirche gehe und dem Chor lausche, für ein oder zwei Stunden, dann gehe ich aus der Kirche hinaus mit einem schönen Gefühl. Ich fühl mich dann ganz leicht, so als würde ich schweben. Und dieses Gefühl hält die ganze Woche an.«

Ich beneide sie fast dafür, so viel inneren Frieden in der Religion zu finden. Ich meditiere morgens und abends, und für mich ist das Gefühl ähnlich, wie Maka es beschreibt. Doch ich mache das erst seit anderthalb Jahren, während Maka von Kindheit an Halt in der Religion gefunden hat.

Während ich meinen Gedanken nachhänge, schaut mich Maka lange an, dann sagt sie: »Ich singe auch im Kirchenchor in Tbilisi, wenn ich nicht hier bin, um meinen Eltern zu helfen, und meine Mutter singt im Chor hier in Lagodekhi. Wenn du möchtest, singen wir dir zweistimmig etwas vor.«

Ich nicke begeistert. Das würde ich liebend gern hören. Maka holt ihre Mutter, die gerade in der Küche ist. Sie setzen sich zu mir an den großen Esstisch und schon fangen sie an. Ich genieße die kleine Vorführung mit geschlossenen Augen. Es klingt sehr schön und beruhigend. Dann schlägt Maka vor, dass ich doch einmal in die Kirche hier in Lagodekhi gehen solle, um den Chor selbst zu hören. Sie sucht mir einen ihrer Röcke heraus, und gemeinsam mit ihrem Mann und ihrem kleinen Sohn ziehen wir los.

Vor der Kirche ziehe ich den Rock drüber, wir Frauen binden uns einen Schal um die Haare, und dann gehen wir hinein. Es ist eine andere Welt, eine Welt, die mir so völlig unbekannt ist. Der Chor singt oben auf der Empore und unten stehen die Kirchenbesucher, während der Pfarrer mit seinen Messdienern in der Kirche herumgeht und alle Anwesenden mit Weihwasser segnet. Die mehrstimmigen Gesänge sind wunderschön, und ich genieße die halbe Stunde, die wir dort verbringen und andächtig lauschen. Dann beschließen wir, zu gehen, denn Makas Sohn wird unruhig, und auch mich zieht es wieder hinaus in die kühle Herbstluft.

Giorgi schlägt vor, zu einem kleinen Park am anderen Ende von Lagodekhi zu fahren, und ich willige sofort ein.

Ich bin froh, nach drei Tagen Dauerregen mal wieder einen kleinen Ausflug machen zu können.

Auf dem Weg erklärt Maka mir die verschiedenen Gebäude und ihre Hintergründe. Es sind viele ehemalige sowjetische Kasernen dabei, die nun schon lange leer stehen und heruntergekommen sind. Man sieht Lagodekhi nicht mehr an, dass es einst boomendes Zentrum der Landwirtschaft war. Als wir durch den Park laufen, sehen wir auch dort ein großes leerstehendes Gebäude. Da, wo einst Fenster waren, klaffen nun große Löcher. Das Gebäude passt so gar nicht mehr in den Park.

»In meiner Kindheit war dies ein schönes Café. Jeden Nachmittag sind wir in diesen Park gegangen und haben hier am Fluss gespielt«, erzählt Maka, während wir zum Fluss hinüberschlendern.

Es ist ein schöner Nachmittag, den ich mit den dreien verbringe, und ich bin dankbar, dass Gwill und ich wieder so viel Gastfreundschaft in Lagodekhi erfahren durften.

GURIEN

Auf dem Weg ans Schwarze Meer

Gwill und ich sitzen im Zug von Tbilisi ans Schwarze Meer im Westen Georgiens und ich lasse die letzten Tage gedanklich an mir vorbeiziehen: Ich habe mich verliebt. Am 7. Oktober, nach fast drei Monaten in Georgien, habe ich mich verliebt. In Marika. Marika ist wunderschön. Marika hat ein bezauberndes Lächeln. Marika hat eine wunderbare, warme Stimme. Sie liebt Chopin und Schubert, und ich verbringe genau eine halbe Stunde mit ihr, bevor ich mich unsterblich in sie verliebe. Ich muss sie unbedingt wiedersehen. Und ich weiß auch genau wie.

Na gut, ich übertreibe vielleicht ein bisschen. Marika ist Masseurin im ›Chreli Abano‹ Sulfurbad in Tbilisi. Sie hat die kräftigsten Hände, die mich je massiert haben und nach ihrer Spanischen Massage fühle ich mich wie neugeboren. Ich schwärme Gwill den ganzen Abend von ihr vor und wir lachen, weil ich mich anhöre, als wäre ich frisch verliebt. Das stimmt natürlich nicht. Aber die Massage, die sie mir nach unserem Sulfurbad gibt, ist einfach himmlisch. Als ich den angenehm warmen Raum betrete, höre ich schon die sanfte klassische Musik spielen.

»Einmal ganz ausziehen und dann mit dem Bauch nach unten auf der Liege Platz nehmen.« Mit diesen Worten verschwindet die Masseurin auch schon. Ein paar Minuten später ist sie zurück und knetet mich ordentlich durch. Ihre Massage ist eine Mischung aus schnellen und langsamen Bewegungen, kräftigen Zügen mit dem Ellenbogen, bei dem sie ihr ganzes Körpergewicht auf mich legt, und langsamen geschmeidigen Bewegungen, die mich fast in einen leichten Schlummer versetzt hätten, hätte ich die Massage nicht hellwach mit allen Sinnen genossen. Sie spielt Chopin und Schubert, was wunderbar zu ihrer Massage passt, und ich fühle mich gut aufgehoben bei ihr. Sowas könnte ich jeden Tag genießen. Das bringt mich in die Gegenwart und in meinen Körper hinein wie wenig anderes. Es ist das perfekte Ende eines Bades im schönsten Badetempel von Tbilisi.

Das bereits 1893 erbaute Bad ist vor fünf Jahren, also 2016, vollständig renoviert worden. Es ist eines der wenigen oberirdischen Badeanlagen in Tbilisi und wird aufgrund seiner mit orientalischen Mosaiken verzierten Fassade ›Chreli Abano‹, also ›Buntes Bad‹ genannt.

Tbilisi ist die Stadt der warmen Quellen, ›tbili‹ bedeutet ›warm‹. Die Stadt erhielt ihren Namen von den über dreißig Thermalquellen, aus denen bis zu 47 Grad heißes Wasser sprudelt. Im Bäderviertel finden sich unzählige öffentliche Bäder. In einigen davon kann man sich private Räume mieten. Gwill und ich hatten uns einen Raum in den Tiefen dieses Bades geleistet, in dem wir in Ruhe die Hitze des warmen Wassers genießen konnten. Nur fünfzehn Euro kostet der Besuch pro Stunde. Und ein heißes Bad war genau das, was wir brauchten, nach diesen vielen langen und kühlen Regentagen in Lagodekhi.

Wir hatten zwei Tage zuvor beschlossen, Lagodekhi zu verlassen, nachdem wir über eine Woche darauf gewartet hatten, dass der Regen aufhört und wir wieder in die Berge gehen können. Doch es war keine Wetterbesserung in Sicht und so beschlossen wir, nach Tbilisi zu fahren und uns dort ein ausgiebiges, heißes Bad zu gönnen. Schon in den Zarenbädern in Borjomi hatten wir uns darauf gefreut, in einem schönen Waldbad das warme Wasser zu genießen, doch dort war es wirklich nur warm gewesen, also circa 32 Grad. In Tbilisi hingegen hatte das Wasser eine Temperatur zwischen 40 und 42 Grad, und es war eine Wonne, in das volle Becken hineinzusteigen und die wohlige Wärme zu spüren. Wir waren dankbar für diese Wärme, zumal aus einem unerklärlichen Grund in unserer kleinen, dunklen Ferienwohnung in Tbilisi kein heißes Wasser vorhanden war. Auch Heizung gab es keine, sodass ich meist dick eingemummelt und mit einer Decke auf dem Schoß auf dem Sofa saß und es nicht wirklich gemütlich fand. Zum Glück hatten wir in dieser Unterkunft nur zwei Übernachtungen gebucht, da wir beschlossen hatten Richtung Westen ans Schwarze Meer zu fahren.

Am Schwarzen Meer

Das Schwarze Meer ist heute nicht schwarz. Als ich am frühen Morgen dieses trüben Oktobertages aufstehe, ist es eine graue, wogende Masse. Die Wolken hängen tief über dem Meer, die Luft ist kühl. Es weht keine Brise, und doch schlagen große, graue Wellen an den Kiesstrand, an dem wir seit drei Tagen unser Zelt aufgeschlagen haben.

Auch gestern war das Schwarze Meer nicht schwarz. Es war blau, mit schimmernden silbernen Streifen durchzogen. Am Abend war es dunkelblau, als die untergehende Sonne ihren Schein vom Westen her über das stille große Wasser legte. Überhaupt heißt das Schwarze Meer ja nicht so wegen seiner Farbe, sondern weil es von den Osmanen ›Kara Deniz‹ genannt wurde. ›Deniz‹ steht für das Meer, das Wort ›kara‹ hat mehrere Bedeutungen. Es heißt ›groß‹, aber auch ›dunkel‹ oder ›trüb‹. Das ›große Meer‹ wurde also über die Jahre zum ›Schwarzen Meer‹.

Dieses riesige Gewässer war früher auch kein Meer, sondern eigentlich ein Süßwassersee. Doch vor etlichen tausend Jahren entstand durch den Durchbruch am Bosporus eine Verbindung zum Mittelmeer, wodurch Salzwasser in den See floss und ihn seitdem zum Meer macht.

Jetzt bin ich also das erste Mal in meinem Leben an diesem Binnenmeer. Vor zwei Jahren schon war ich ihm ganz nahegekommen. Das war in Rumänien, als ich meine Freundin Laura in Bukarest besuchte. Wir reisten gemeinsam durch Transsilvanien und wollten auch ans Schwarze Meer fahren, doch dann fehlte uns die Zeit. Auch am Pazifik und am Atlantik war ich schon oft, und hatte zu jeder Jahreszeit darin gebadet. In Kanada, Chile, England, Island – überall hatte ich die Weltmeere bewundert, die Ruhe, die sie ausstrahlten an den windstillen Tagen und wie weit man in den Horizont hineinsehen konnte. Doch ich liebte auch die stürmende, tosende See, wenn der Wind die Wellen hochschlagen ließ und das Meer, dieses ungestüme Wesen, riesige Bäume und Strandgut anspülte, so wie es auf Vancouver Island in Kanada der Fall war. Viele Urlaubswochen hatte ich auch an der deutschen Ostsee verbracht, mit Familie oder Freunden, und ich liebte die langen weißen Sandstrände und die Ruhe dort.

Wenn kein Wind wehte und das Meer ganz still lag, eben wie ein See, die Ostsee, dann genoss ich das Schwimmen am meisten. Das Meer umhüllte mich dann wie einen Kokon. Ich ließ mich auf dem Rücken treiben, sah in den Himmel und war eins mit mir und der Welt.

In diesen Sommer in Georgien hatte ich die Berge lieben gelernt, doch das Meer war meine erste Liebe, und die vergisst man bekanntlich nie.

Vergangene Woche, als wir im regnerischen Lagodekhi überlegten, wohin die Reise gehen sollte, stand nach einem Blick auf die Wetterkarte ganz plötzlich unser Entschluss fest: Der kleine Ort Kobuleti am Schwarzen Meer versprach uns 23 Grad Lufttemperatur und milde Nachttemperaturen für die nächsten zehn Tage. Nach fast zwei Wochen Regen konnten wir nicht anders, als zwei Zugtickets zu buchen, und schon waren wir unterwegs.

Schon am frühen Nachmittag kommen wir in Kobuleti an. Gwill hat einen Campingplatz ausfindig gemacht, der direkt am Meer liegt, vor einem kleinen Wäldchen mit Café und englischsprachigem Personal. Das klingt perfekt für uns. Nach einer Stunde Fußmarsch entlang der Hauptstraße, sehen wir das Schild für den Campingplatz. Erleichtert verlassen wir die laute Straße und laufen einen kleinen Waldweg hinein. Nach circa zehn Minuten erreichen wir den Campingplatz. Doch er ist verlassen und leer. Offensichtlich war für die Inhaber die Saison vorbei und sie haben den Platz geräumt. Wir sind enttäuscht, doch fangen uns schnell wieder, als wir zum Wasser hinunterlaufen, in Windeseile unsere Schuhe ausziehen, und erstmal die Füße ins kühle Nass dippen. Was für ein herrliches Gefühl, endlich wieder am Meer zu sein!

Nun ist der dritte Abend hier an diesem Strand. Von meinem Sitzplatz unterhalb des Zeltes sehe ich Batumi zu meiner Linken in der Ferne. Es sieht aus wie eine Miniatur von New York. Hinter dem einstmals wichtigsten Tiefseehafen am Schwarzen Meer erheben sich die Berge des Kleinen Kaukasus. Ich sehe nur die Silhouetten der Berge, die Gwill gestern die ›Blauen Berge‹ taufte. Das passt gut. Wenn ich ein Maler wäre, würde ich sie in verschieden Blautönen malen, so wie Picasso in seiner blauen Periode.

Zu meiner Rechten sehe ich die hohen Apartmentblocks von Kobuleti und dahinter in der Ferne die Strände von Shekvetili. Es sind schwarze Sandstrände mit magnetischem Sand, der heilende Wirkung haben soll. Die Strände dort sind wunderschön und viel sanfter als hier, wo wir sind.

Gwill und ich waren gestern in Shekvetili, diesem kleinen Badeort, um einen Platz zu finden, an dem wir wild zelten können. Nachdem wir vorgestern, nach unserer Ankunft in Kobuleti, alle Zeltplätze der Umgebung abtelefoniert hatten, wurde uns klar, dass wild zelten unsere einzige Option war. Alle Zeltplätze waren bereits geschlossen, die Hauptsaison war hier Mitte Oktober offensichtlich lange vorbei.

Nachdem wir nach einem geeigneten Platz zum wild zelten an unserem Strandabschnitt gesucht hatten, beschlossen wir schließlich, unser Zelt auf den eigentlichen Zeltplatz zu stellen. Dort war es vor Blicken geschützt und der Boden war trocken. Es stellte sich heraus, dass um uns herum große Feuchtgebiete waren, die Böden oberhalb der Dünen waren sumpfig, und zum Zelten nicht geeignet. Nun gut, wir stellten unser Zelt auf dem Zeltplatz auf und beschlossen, am nächsten Tag nach einem geeigneteren Ort zu suchen, da wir nicht sicher waren, ob es den Besitzern recht war, dass wir hier zelteten. Anrufen und fragen wollten wir nicht, denn wenn sie nein sagten, hätten wir den Platz auf jeden Fall verlassen müssen. So befestigten wir eine kleine Notiz am Zelt, für den Fall, dass die Besitzer vorbeikämen.

Der Zeltplatz stellt sich als ein Geschenk heraus. Es gibt fließendes Wasser, sogar eine heiße Dusche und Toiletten. Die Besitzer hatten weder Wasser noch Strom abgestellt. Nachdem wir den gestrigen Tag in Shekvetili verbracht hatten, realisieren wir, dass wir es richtig gut getroffen haben.

Shekvetili war traumhaft, ein wahres Urlaubsparadies am Meer. Lange schwarze Sandstrände, wenige Hotels, dazwischen immer wieder Kiefernwäldchen und der süße, sommerliche Geruch von Kiefern. Glücklich liefen wir den Strand entlang, gingen immer mal wieder baden, und fanden schließlich in einem der Kiefernwäldchen den perfekten Ort, um unser Zelt aufzustellen.

Nach vielen Stunden laufen, und ohne Frühstück waren wir am Nachmittag auf einmal hungrig wie die Bären. Wir suchten einen Supermarkt, und nachdem wir die gesamte, mehrere Kilometer lange Dorfstraße abgelaufen waren, fanden wir einen kleinen Markt. Allerdings war die Hälfte der Regale leer, und was übrig war, gab nicht mal einen kleinen Snack her, geschweige denn ein Abendessen am Zelt.

»Das kann doch gar nicht sein«, wunderte sich Gwill. »Die Einwohner müssen doch auch einkaufen gehen.«

Ich schüttelte nachdenklich den Kopf: »Nicht, wenn sie ein Auto haben. Dann fahren sie einfach ins benachbarte Kobuleti und machen dort ihren Großeinkauf. Offensichtlich ist hier außerhalb der Saison nichts los.«

Wir fanden andere Supermärkte, auch Restaurants und Strandcafés. Doch alle waren sie verlassen. Wir kamen uns vor wie in einer Geisterstadt. Nicht einmal Wasser gab es in dem Supermarkt zu kaufen. Es war wirklich merkwürdig. Wir mussten wohl oder übel die Idee aufgeben, hier unser Zelt aufzuschlagen, denn ohne Essen und Trinkwasser hatten wir nichts von dem wunderschönen Sandstrand.

Als wir auf dem Rückweg in Kobuleti einkauften, und dann zu unserem Zeltplatz liefen, kam uns unser steiniger Strand vor wie ein kleines Paradies. Zum Sonnenuntergang kochten wir Pasta und Tomatensoße, tranken Wein und Bier dazu und schließlich holten wir unsere Schlafsäcke, machten es uns auf unserer Plane bequem und beobachteten die Sterne. Und nach langer, langer Zeit sahen wir eine lange Sternschnuppe über den Himmel ziehen. Wir folgten ihr mit unseren Augen und schliefen dann glücklich ein – unter dem Sternenzelt am Schwarzen Meer.

Am nächsten Morgen sitze ich wieder am Strand. Gwill schläft noch und alles ist ganz still. Gerade eben, als ich kurz vom Schreiben aufblickte und die Möwen über dem Meer beobachtete, sah ich plötzlich die schwarz-weiße Flosse eines Delphins. Einfach so zog er vorüber, sprang immer wieder unbeschwert aus dem Wasser, und zeigte sich mir in seiner ganzen Schönheit. Lange beobachtete ich ihn, dabei strahlte ich über das ganze Gesicht.

Ich hatte erst im vergangenen Jahr in Kanada gelernt, wie viel Freude es mir bereitet, Tiere in ihrer freien Wildbahn zu beobachten. Ich hatte nie verstanden, was so aufregend daran war, Wale oder Seeadler zu beobachten. Bis ich sie selber sah, einfach so, ganz unerwartet, bei Strandspaziergängen. Jedes Mal erfüllte mich eine tiefe Freude, so als teilte das Universum ein köstliches Geheimnis mit mir.

Auch diesmal ist es wieder so. Diese tiefe innere Freude kommt unerwartet, und ich überlege kurz, Gwill zu wecken, damit auch er den Delphin sehen kann. Doch ich genieße es, diese ruhigen Morgenstunden für mich allein zu haben und beschließe deshalb sitzen zu bleiben.

Mtirala Nationalpark

Die See ist aufgewühlt an diesem Morgen, obwohl kein Wind weht. Es ist wunderschön: Die Wellen überschlagen sich, bevor sie sich an Land brechen, das Meer ist wild und unbezähmbar. Ich liebe es, am Wasser zu sitzen und einfach nur zu schauen.

Wir haben mal wieder unfassbares Glück mit unserem Gästehaus. Erst gestern Mittag haben wir diese Unterkunft online gebucht, sie liegt mitten im Nirgendwo, dafür direkt am Meer. Nur die Zugschienen trennen das Haus vom Meer, es sind dreißig Meter bis dahin und von der riesigen Terrasse haben wir einen unverstellten Blick aufs Wasser. Ich bin glücklich. Es ist Mitte Oktober und die Saison ist seit kurzem vorbei, daher sind wir die einzigen Gäste. Die Hausherrin hatte offensichtlich niemanden mehr erwartet und war überrascht, als wir gestern nach einer zweitägigen Wanderung hier ankamen.

Ganz spontan hatten wir beschlossen, die Wanderung im Mtirala Nationalpark zu unternehmen. Da an der Schwarzmeerküste subtropisches Klima vorherrscht, ist der Herbst mild und sonnig. Die Tage, obwohl sie täglich bedeutend kürzer werden, sind warm, fast schon heiß, und die Nächte unglaublich mild. Es sind wunderbare Temperaturen, um draußen Zeit zu verbringen, und genau das wollen wir weiterhin tun. Nach den vier Tagen zelten am Meer packen wir unsere Sachen, kaufen genügend Proviant für zwei Tage und fahren in den Mtirala Nationalpark. Übersetzt heißt er, der ›Heulsusen Nationalpark‹, was der jährlichen Regenmenge geschuldet ist. Es regnet wohl viermal so viel wie in Hamburg, und immer, wenn ich mal in Hamburg war, hatte es in Strömen geregnet. Somit bin ich dankbar, dass wir nun unsere Wanderung bei strahlendem Sonnenschein beginnen können.

Es ist ruhig im Park, die Rangerhütte am Eingang ist schon geschlossen, und auch die Schutzhütte auf dem Berg ist für den Winter verriegelt. Doch wir haben unser Zelt dabei und sind dankbar, keiner Menschenseele zu begegnen. Der Herbstwald ist traumhaft ruhig, die Blätter beginnen sich langsam zu färben und bei jedem Schritt raschelt das trockene Laub unter unseren Füßen. Die Vegetation ist dicht und teilweise ist der Pfad schon überwuchert, sodass wir uns unseren Weg durch Brombeer- und Rhododendronsträucher bahnen müssen. Es ist ein kurzer steiler Aufstieg. Wir überwinden tausend Höhenmeter auf nur vier Kilometern, was uns mit Pausen fast vier Stunden kostet.

Am Gipfel angekommen, sind wir im Paradies. Die Sonne scheint durch den dichten Buchenwald. Auch unterwegs haben wir viele hundert Jahre alte Buchen mit riesigen Stämmen gefunden. Nie hatte ich solche gigantischen Buchen gesehen. Es hätte bestimmt fünf Menschen gebraucht, die sich einander an den Händen hielten, um den Stamm einmal zu umspannen.

Gwill und ich suchen ein schönes Plätzchen, um das Zelt aufzustellen, dann widmen wir uns der Suche nach Feuerholz. Bei einem rotgelben Sonnenuntergang koche ich eine Hühnersuppe auf dem kleinen Campingkocher, und Gwill entzündet das Feuer. Nach Einbruch der Dunkelheit weht ein heftiger Wind, der dem Druck der abkühlenden Luftmassen über dem Meer, das nur circa fünfzehn Kilometer Luftlinie entfernt liegt, entspringt. Wir sind froh, dass wir uns am hoch lodernden Feuer wärmen können.

Wir haben uns auf eine ruhige Nacht im Wald gefreut, nachdem wir am Strand eine Geräuschkulisse von tosendem Meer, vorbeifahrenden Zügen, bellenden Hunden und Rennen fahrenden Autos auf der Hauptstraße ertragen hatten. Ein Jahrmarkt war wirklich nichts dagegen. Manchmal konnten wir kaum unsere Gespräche verstehen, wenn wir abends im Bett lagen und mussten lachen, weil es so absurd war. Doch obwohl die Nacht rabenschwarz ist, ist sie beileibe nicht still. Der Wind hat an Stärke zugenommen und tost in den Kronen der hohen Buchen. Es regnet Bucheckern und Blätter auf unser Zelt und vor allem auf das Metalldach der Hütte, vor der wir kampieren. Es klingt, als würde jemand in unregelmäßigen Abständen auf eine Blechtrommel schlagen. Das Geräusch des Windes ist konstant, doch weckt es in mir einen Urinstinkt, der mich nicht zur Ruhe kommen lässt, obwohl ich müde von der Wanderung bin. Wahrscheinlich bedeutet Wind Gefahr, und mein Reptilienhirn will, dass ich aufmerksam bleibe und nicht einschlafe. Dazu kommt eine leichte, innere Unruhe, da ich weiß, dass es auch in diesem Nationalpark Bären gibt, und wir auf dem Weg nach oben Bärenkot gesehen hatten. Na und obwohl ich mich mit meinen 37 Jahren noch jung fühle, gibt mir mein Körper nach fünf Nächten im Zelt zu verstehen, dass er sich gern mal wieder auf einer weichen Matratze betten würde.

Am nächsten Morgen wachen wir beide wie gerädert auf, doch die frische Waldluft und eine Tasse Tee und Kaffee machen uns dann doch munter. Auf dem Rückweg laufen wir an einem wunderschönen Wasserfall vorbei, der in einen kleinen See hineinfließt. Wir genießen es, bergab zu laufen und die Bäume zu betrachten, ohne nun so viel Energie ins Laufen stecken zu müssen.

Der Mitarbeiter des Hotels am Eingang des Nationalparks, in dem wir gegen eine kleine Gebühr einige unserer
Sachen zurückgelassen hatten, bietet an, uns ins Dorf
Chekvi zu fahren, und so gelangen wir am frühen Abend
bereits in dieses wunderbare Gästehaus am Meer. Zu unserem Erstaunen befindet sich die Straße hinunter ein kleines
Restaurant, das sogar noch offen hat, und wir schmausen
genussvoll bei Wein und Bier und freuen uns, den Luxus
der Zivilisation zu genießen.

Sonnenuntergang am Schwarzen Meer mit Batumi in der Ferne

ADSCHARIEN

The bright lights of Batumi – Die hellen Lichter von Batumi

Das Meer ist ganz still an diesem Morgen, fast wie in einer Badewanne. Als ich vor die Tür unseres kleinen Zimmers trete, kann ich es kaum glauben. Nach der stürmischen See der letzten Tage ist nun überhaupt keine Brandung mehr da. Das Meer liegt ruhig und einladend vor mir und ich überlege, ob ich noch ein letztes Mal für dieses Jahr schwimmen gehen sollte. Es ist sonnig und kühl, ich fühle den Herbst in der Luft. So beschließe ich, erst einmal zu schreiben, mit Blick aufs Meer. Denn morgens geht das immer am besten, da ist mein Kopf klar und die Worte sprudeln nur so aus mir heraus. Außerdem sehe ich nach einem Blick auf die Wettervorhersage, dass es die nächsten vier Tage regnen soll – umso mehr will ich diesen ruhigen Morgen auf der Terrasse genießen.

Neun Tage haben wir nun am Meer verbracht, und ich bin dankbar, dass wir die Gelegenheit hatten es im Spätsommer zu sehen. Gestern beschlossen wir einen Tag in Batumi zu verbringen. Nachdem wir vergangene Woche einen wunderschönen Tag im Botanischen Garten von Batumi verbracht hatten, der allerdings etwas außerhalb der Stadt liegt, war es nun Zeit für uns, die berühmt-berüchtigte Hafenstadt selbst zu erkunden.

Die knapp 200.000 Einwohner zählende Stadt ist der Verkehrsknotenpunkt der Region und erlebte nicht nur in den letzten zehn Jahren einen Bauboom. Durch die Ölpipeline aus Baku in Aserbaidschan, die Ende des 19. Jahrhunderts eingeweiht wurde und das ankommende Öl, welches in einer Raffinerie in der Nähe des Hafens verarbeitet wurde, flossen Millionensummen in diese Stadt. Auch wenn heute kein Öl mehr in Batumi ankommt – die beiden neuen Pipelines umgehen die große Hafenstadt –, bleiben Industrie und Ölbusiness hier präsent.

Doch genauso wichtig ist mittlerweile die Bedeutung der Stadt als Touristenzentrum. Russen, Araber, Inder – aus der ganzen Welt kommen Touristen nach Batumi, um sich in der glitzernden Welt der Großstadt beim Shoppen zu vergnügen. Auch aus der nur einen Katzensprung entfernten Türkei kommen viele Besucher, um sich etwas zu gönnen, das in ihrem Land verboten ist: das Glücksspiel. Die türkischen Gäste lassen viel Geld in den Kasinos von Batumi. Und natürlich darf der Badetourismus am kilometerlangen Strand nicht fehlen. Nachdem seit einigen Jahren das Abwasser Westgeorgiens nicht mehr ungeklärt ins Schwarze Meer geleitet wird, ist dies nun auch ungestört möglich.

Bilder von bunten Hochhäusern aus der Sowjetzeit kommen mir in den Sinn, wann immer ich an Batumi denke. Gwill und ich sind neugierig auf die Stadt. Die Skyline von Batumi begleitet uns nun schon seit über einer Woche und die glitzernden Lichter der Hochhäuser erhellen die Sonnenuntergänge südlich von unserem Strand. Außerdem ist die Stadt nur eine halbe Stunde Fahrt mit dem Bus entfernt.

Es ist ein sonniger Morgen, als wir nach Batumi aufbrechen. Die Luft ist angenehm warm und nach einem morgendlichen Bad im Meer sowie einer heißen Tasse Tee und Kaffee machen wir uns auf den Weg. Am Hafen steigen wir aus und sind sogleich überrascht von der Vielfalt der Architektur. Gebäude aus verschiedenen Epochen sind zusammengewürfelt mit modernen Hochhäusern und Apartments im sowjetischen Stil und irgendwie passt das alles erstaunlich gut zusammen. Große Schlepper und Fischerboote ankern am Hafen, alle in sehr gutem Zustand und wir schlendern gemütlich an den Booten vorbei und schauen den Fischern zu.

Als wir den breiten Boulevard erreichen, bin ich hingerissen. An seinem Anfang steht eine gigantische bewegliche Metallskulptur, geschaffen von der Künstlerin Tamara Kvesitadze. Es handelt sich dabei um Ali und Nino, die Protagonisten einer Liebesgeschichte mit dem gleichnamigen Titel, die es schafft, religiöse und kulturelle Unterschiede zu überbrücken. Nino, eine georgisch-christliche Adelige, und Ali, ein aserbaidschanisch-muslimischer Prinz verlieben sich im Jahre 1918 in ihrer Heimatstadt Baku in einander. Die Geschichte der beiden steht für das Dilemma einer europäischen Herrschaft über eine orientalische Gesellschaft.

Als Gwill und ich an der Skulptur ankommen, drehen sich die beiden Liebenden gerade den Rücken zu, doch auf dem Rückweg kurz vor Sonnenuntergang berühren sich ihre Körper und sie sehen aus, als würden sie sich küssen. Mit dem Riesenrad im Hintergrund und dem Licht der untergehenden Sonne ergibt dies ein wunderschönes Bild.

Doch nicht nur die Statue verzaubert uns, auch der Boulevard selbst macht seinem Namen alle Ehre. Auf sieben Kilometer führt er direkt am Meer entlang zum südwestlichen Rande Batumis. Auf der einen Seite erstreckt sich der

Kiesstrand mit kleinen Verkaufsständen und Restaurants, auf der anderen Seite ist ein breiter, gut gepflegter Park mit schattenspendenden Bäumen, der nur unterbrochen ist von Volleyballfeldern und Spielplätzen. Es ist idyllisch und fühlt sich überhaupt nicht nach hässlicher Hafenstadt an, ganz im Gegenteil. Der Boulevard selbst ist ausgedehnt, daneben ist eine separate Fahrradspur und am Strand stehen kleine Skulpturen verschiedener Künstler. Die Städteplaner haben hier wirklich ganze Arbeit geleistet.

Wir laufen in die Stadt hinein, um ein kleines Khinkali-Restaurant zu finden, das uns empfohlen wurde. Die Häuser sind gut in Stand gehalten, viel besser als in der Hauptstadt Tbilisi, und die Architektur ist vielfältig. Natürlich sind wir uns bewusst, dass Batumi auch ein anderes Gesicht hat. Wir sind uns sicher, dass es Stadtviertel gibt, die lang nicht so gut erhalten sind wie dieses Touristenviertel. Doch in diesen Stadtteilen sieht man, wie viel Geld hier über Jahrzehnte angehäuft wurde. Auch dass Batumi für lange Zeit eine florierende Hafenstadt war und noch immer ist. Entlang des Boulevards, ein ganzes Stück zurückgesetzt, finden wir auch die glitzernden Hochhäuser, die wir in Reiseführern gesehen hatten. Überall werden riesige neue Wolkenkratzer hochgezogen, in denen Hotels oder Apartments untergebracht werden sollen. Davor liegen Parks, was das Ganze sehr angenehm gestaltet.

Wir schlendern über den Boulevard, essen Eis und finden sogar ein Restaurant direkt am Meer, in dem wir uns einen sündhaft teuren Piña Colada gönnen. Als wir erschöpft sind, ruhen wir uns auf einer der vielen Bänke mit Blick auf das Meer aus. Erst am Abend geht es zurück zu unserer Unterkunft, um den letzten Sonnenuntergang über dem Meer zu genießen. Am nächsten Tag wollen wir zu einem zweiwöchigen WorkAway ins Landesinnere aufbrechen.

Die Statue von Ali und Nino in Batumi

Zurück in Gurien

›Komli‹
Leben in Gemeinschaft in Tsitelmta

Was für ein Morgen! Die Sonne steht noch nicht hoch am Himmel, aber sie scheint ihr helles Licht auf die weißen Bergspitzen. Auch auf mich wirft sie ihre einladende Wärme. Ich sitze in einem der bequemen Sessel auf der großen Holzterrasse von ›Komli‹, schaue auf die Berge, und freue mich des Lebens. Nach vier Tagen ununterbrochenen Regens fühlen wir die Kraft der Sonne noch deutlicher. Obwohl es bereits Herbst ist, sind die Bäume noch grün, und in der Sonne fühlt es sich immer noch an wie Sommer.

Wir sind wieder in Gurien, in der Kochnischen Tiefebene, an der Westküste von Georgien. Eine halbe Stunde vom Schwarzen Meer entfernt liegt das klitzekleine Dorf Tsitelmta, Teil der Stadt Ozurgeti, in dem wir für zwei Wochen unterkommen. Der Sommer verabschiedet sich hier langsamer als in anderen Regionen Georgiens, in denen teilweise schon eisige Temperaturen vorherrschen. Deswegen sind wir auch noch geblieben. Ich war noch nicht bereit, Mitte Oktober dem Sommer ade zu sagen.

Als wir das WorkAway, also Arbeit gegen Kost und Logis, im Internet fanden, war ich sofort Feuer und Flamme und begeisterte auch gleich Gwill mit meiner Idee. Ich hatte das schon in anderen Ländern gemacht, unter anderem in Chile, Kanada und Island und meine Erfahrungen waren durchweg positiv. Der Deal war, dass man als Work-Awayer für 25 Stunden Arbeit in der Woche Unterkunft und Mahlzeiten bekam. Es war eine wunderbare Art zu reisen. Ich konnte dadurch in kurzer Zeit tief in die Kultur der Länder, die ich bereiste, eintauchen, Bräuche und Gewohnheiten kennenlernen, landesübliches Essen genießen, und vor allem meinen Gastgebern alle Fragen der Welt stellen, da sie zumeist hervorragend Englisch sprachen, und ich die Landessprache meist nicht fließend beherrschte.

Dies ist nun also unser erstes WorkAway in Georgien, und trotz des Dauerregens der ersten drei Tage fühlen wir uns hier sehr wohl. ›Komli‹, der Name, den unsere Gastgeberin Lika Megreladze ihrer Farm gegeben hat, ist ein altes, georgisches Wort für Familie oder eine Gemeinschaft von Menschen, die in einem Dorf zusammenleben. Auf ihrer Website hatte Lika geschrieben: »Wir lieben Menschen, gute Unterhaltungen, gutes Essen und Wein zusammen mit Musik.« Wie konnten Gwill und ich da widerstehen?

Die quirlige Lika hat das Haus von ihrer Mutter übernommen, welche es wiederum von ihrer Mutter geerbt hatte, die es von ihrem Großvater Lazare Chitaishvili geerbt hat; wohl etwas sehr Seltenes in Georgien, da Häuser eigentlich meist an Männer weitergegeben werden. Der Bau des Gebäudes war also schon über hundert Jahre her. Lika hatte erst vor anderthalb Jahren beschlossen, aus Tbilisi in das Haus auf dem Hügel zurückzukehren. Es war das Haus, in dem sie aufgewachsen war, und sie wollte es wieder mit Leben und Lachen erfüllen. Als wir dort ankommen, war ihr das schon sehr gut gelungen.

Insgesamt wohnen zurzeit vier Familienmitglieder und sieben WorkAwayer auf dem Grundstück; dazu kommen Gäste, Arbeiter, Nachbarn und Freunde, die vorbeischauen. Es ist immer irgendwo ein Lachen zu hören, und viele fassen mit an bei der Zubereitung der Festmahle, die uns Lika dreimal täglich serviert. Jede Mahlzeit ist wie eine kleine Party, alle sitzen am großen Esstisch zusammen, und Lika tischt vier, fünf, sechs verschiedene Speisen auf, serviert selbstgemachten Wein und Chacha, und läuft von Person zu Person, um sicherzustellen, dass alle auch wirklich genug zu essen und zu trinken haben. Es sind wunderbare Stunden, die wir bei gemeinsamen Mahlzeiten verbringen, und ich genieße sie von ganzem Herzen.

Doch zwischen diesen geselligen Stunden habe ich meine ganz eigenen inneren Konflikte zu bewältigen. Als wir ankommen, fragt Lika mich, ob ich für sie zwei Fenster bauen könne. Sie möchte sie in einen Raum einpassen, in welchem oft ihre Kinder oder andere private Gäste übernachten. Ich muss meine Ansprüche an die Qualität meiner Tischlerarbeit schon am ersten Tag herunterschrauben, und auch die ganze Woche über schlucke ich immer wieder schwer, wenn ich sehe, was ich hier eigentlich produziere. Abgesehen davon, dass wir kein neues Holz zur Verfügung haben, ist das Holz, das wir finden, von mehreren Regentagen durchweicht. Es gibt kaum Werkzeug, und das vorhandene ist kaum zu gebrauchen, weil die Klingen stumpf sind. Auch einfache Dinge wie Schrauben oder Schleifpapier sind Mangelware. Was ich letztendlich produziere, ist alles andere als qualitativ hochwertig. Aber dies ist eben Georgien, und wir deutsche und schweizer

WorkAwayer müssen jeder unsere Ansprüche an die eigene Perfektion herunterschrauben.

Ich musste lachen, als ich heute Mittag in die Küche kam. Laura und ich hatten zu zweit über eine Woche lang alles aussortiert und umgeräumt, und Samira hatte beschlossen, das Fenster über dem Spülbecken zu streichen, weil es teilweise so verrottet aussah. Mit dem wenigen vorhanden Sandpapier schliff sie die Flügel kurz an, klebte das Glas ab, und fing auch schon an zu streichen. Als Laura und ich die Küche betraten, sagte Laura: »Willst du nicht auch den oberen Teil der Flügel streichen, oder warum hast du den nicht abgeklebt?«

Erschrocken sah Samira nach oben, dann grinste sie breit. »Nein, da hängt doch die Gardine davor. Der muss nicht gestrichen werden, den sieht man ja nicht.«

Ich musste lachen: »Du hast deine Arbeitsweise wirklich schon an Georgien angepasst. Respekt! Ich muss da noch dran arbeiten. Immer wieder bin ich frustriert, weil ich die Dinge besser machen möchte, als es unter diesen Umständen und mit dem Werkzeug hier möglich ist.«

Doch nicht nur unsere Arbeitsweise, auch unsere Arbeitszeiten sind sehr georgisch: Wir frühstücken gegen elf Uhr morgens, beginnen um zwölf mit der Arbeit, essen um vier ein ausgedehntes Mittagessen, und arbeiten dann nochmal eine Stunde bis um sechs.

»Ich weiß nicht, ob ich mich wieder an deutsche Arbeitszeiten werde gewöhnen können, wenn ich um fünf in der Früh aufstehen muss, damit ich um halb sieben auf der Arbeit bin«, scherzte ich gestern Nachmittag, als wir in der Sonne bei Tee und Kuchen zusammensaßen.

Doch trotz der Herausforderungen schaffen wir sehr viel. Unsere WorkAway Truppe ist hochmotiviert, und es gelingt uns, einiges zu bauen und zu verändern. Die

Männer verwandeln den Keller voll Gerümpel in einen schicken Weinkeller. Tagelang sortieren sie aus, lagern um, ziehen Abflussgräben und bauen eine Doppeltür ein. Die Frauen verwandeln eines der auf Stelzen stehenden Holzgebäude, in dem früher Getreide gelagert wurde, in ein gemütliches kleines Gästezimmer. Und ich springe hin und her, helfe hier, helfe da. Wenn es regnet, bin ich oft bei Laura in der Küche, gebe den Frauen Hinweise zur Holzbearbeitung und baue schließlich an den sonnigen Tagen eines der Fenster. Für das zweite Fenster ist leider nicht genug Holz vorhanden. Ich setze Glas ein in die Fenster des Duschraumes, welche aus alten Türen umfunktioniert worden sind, und mache überall kleine Reparaturen.

Nun sind wir seit einer Woche hier, und diesen Abend öffnet Lika eine ganz besondere Flasche Wein für uns. Er ist von einem nahegelegenen Weingut. Diese Traube wird nur in Gurien angebaut. Im Gegensatz zu den meisten Amber-Weinen wird hier nur der Saft fermentiert. ›No skin contact‹ nennt sich diese Fermentation, also eigentlich das, was wir auch in Europa machen. Es bedeutet, dass die Schale der Trauben nicht mit fermentiert wird, sondern nur der Saft selbst.

In Gurien gibt es heute noch fünfundzwanzig Traubensorten, vor vielen Jahrzehnten waren es noch über sechzig. Die Winzer in der Region sind weniger geworden und die Vielfalt der Trauben ist zurückgegangen. Viele Menschen verließen diese Gegend in den 1990ern. Auf der Suche nach Arbeit zog es sie in die Hauptstadt und auch in Länder wie Griechenland, in denen georgische Frauen oft Arbeiten annahmen, die die Griechen selbst nicht machen wollen.

Wir WorkAwayer hatten unseren freien Tag damit verbracht, eine Wanderung zum nahegelegenen Kloster zu unternehmen. Es steht auf einem Hügel und so genossen wir an diesem sonnigen Tag den freien Blick hinüber zum Großen Kaukasus.

»Schau mal!«, zeigte ich mit dem Finger und lenkte Gwills Blick zu den mittlerweile schneebedeckten Bergen am Horizont. »Ungefähr dort ist der Berg Ushba, und darunter liegt Mestia. Dort waren wir noch vor einigen Wochen.« Es war erhebend diese Berge aus der Ferne zu betrachten und zu wissen, dass wir dort herrliche Tage mit Wanderungen verbrachten. Sie waren nur circa 200 Kilometer Luftlinie entfernt von hier.

Es ist herrlich in Gurien, die Luft ist klar, es ist immer noch atemberaubend grün um uns, und wie fast überall in Georgien ziehen sich auch hier eiskalte Gletscherflüsse durch das Tal. Am Horizont sieht man den Kaukasus und auf der anderen Seite des Tals erheben sich fast zum Greifen nahe mehrere schneebedeckte Berge vor uns. Einer davon ist der Berg ›Gomismta‹, unser Sehnsuchtsort. Eigentlich wollten wir ein paar Tage da oben verbringen, dort, wo die Sonne zuerst aufgeht und am Abend bis zuletzt scheint. Doch die Straße dahin ist eine Schotterpiste, an der zurzeit Bauarbeiten stattfinden, und so würde die nur zwanzig Kilometer lange Fahrt drei Stunden in Anspruch nehmen.

Als ich Lika gegenüber erwähne, dass wir gern mal dort hinaufwollen, um die Wolken von oben zu betrachten, lächelt sie verschmitzt: »Klar könnt ihr da hoch. Aber ihr wisst schon, dass es kalt wird in der Nacht?« Damit habe ich natürlich gerechnet. »Die haben dort keine Heizung, höchstens einen kleinen Feuerofen in der Küche. Ihr könnt euch gern extra Decken mitnehmen.«

Irgendwie schreckt mich der Gedanke dann doch ab. Es ist nachts schon kalt genug hier unten, und so romantisch, wie ich es mir da oben vorgestellt habe, wird es dann doch nicht sein. Zumal wir keine Lust darauf haben, auf dem Weg dorthin stundenlang in einem Jeep durchgeschüttelt zu werden. So begnüge ich mich damit, sehnsüchtig den Gipfel zu betrachten, wann immer sich ein Moment dafür bietet.

Lika hat große Pläne. Gemeinsam mit mehreren lokalen Organisationen möchte sie eine Tee-Route aufbauen. In Kachetien, auf der anderen Seite von Georgien, gibt es bereits eine Wein-Route für Touristen, an der man immer wieder an Weingütern halten kann, um den köstlichen Traubensaft zu verkosten. Dasselbe stellt sich Lika für den Osten des Landes, Gurien, vor, aber eben mit Tee statt Wein. Zu Zeiten der Sowjetunion wurde Georgiens Tee in großen Mengen exportiert und er war in weiten Teilen Europas und Asiens bekannt und begehrt. Nach dem Ende der Sowjetunion verwilderten die Plantagen und erst im letzten Jahrzehnt ist das Bewusstsein für den Reichtum, den diese Pflanzen bieten könnten, zurückgekehrt. Ganz langsam verzeichnet Gurien wieder einen Zuwachs an Georgiern aus Tbilisi, die hierher zurückkehren und sich auf alte Traditionen, wie eben den Teeanbau, besinnen. Der Boden ist ideal dafür, er ist ähnlich wie in Teilen Chinas, in denen Tee angebaut wird. Und es ist vor allem das Klima, das das köstliche Gebräu so gut gedeihen lässt. Warme feuchte Sommer, und milde feuchte Winter, das liebt die Teepflanze.

Tee gibt es in Gurien nun schon seit über 150 Jahren. Bereits 1847 wurde in Anaseuli, unweit von Likas Farm, der erste Tee angebaut. Und nun werden die Teeplantagen mit viel Aufwand und Liebe wiederbelebt. Ich bin neugierig, wie das mit der Herstellung und Trocknung funktioniert, und schließe mich einer von Likas Touren an, die sie regelmäßig für interessierte Touristen anbietet. Manche übernachten bei ihr, manche kommen nur für einen Nachmittag vorbei, aber alle sind hingerissen von der Schönheit der Natur und der Vielfalt an Projekten, die Lika hier angestoßen hat.

Vom Haus führt ein rollstuhlgerechter Weg zur Teeplantage, den sie über ein regierungsfinanziertes Projekt hat bauen lassen. Die Ansammlung von Pflanzen ist überraschend klein, besteht aus vielleicht einhundert Büschen, doch es ist ein Anfang. Sie sehen nicht nach viel aus, die Teebüsche mit ihren kleinen Blättern und kleinen weißen Blüten, doch wenn man die jungen Blätter pflückt und fermentiert, dann wird daraus ein köstlicher Trunk. Die jungen Blätter werden mit den Händen zerdrückt, um ihre Säfte freizugeben. Dann kommen sie für mehrere Stunden in ein feuchtes Tuch und die Fermentation beginnt. Nach etwa sechs Stunden ist die grüne Farbe aus ihnen gewichen und nach dem Trocknen in der Sonne sehen sie so schwarz aus, wie wir sie von unseren Teebeuteln gewöhnt sind.

Dieser Schwarze Tee ist nicht wie jener, den ich von meiner Zeit in England gewöhnt bin. Er hat ein feines Aroma und ist unglaublich mild. Lika erklärt mir: »Der Tee hier ist nicht so bitter wie jener, der aus China und Indien importiert und in Großbritannien getrunken wird. Das liegt daran, dass die Teepflanzen hier im Winter Zeit haben, sich zu erholen. Das tut ihnen gut. Sie können dadurch Schädlinge besser bekämpfen und durch die Regeneration sind die Blätter nicht so bitter. In China zum Beispiel wird das ganze Jahr über geerntet, manchmal zwei- bis dreimal im Jahr.«

Ich nicke erstaunt: »Deswegen brauche ich hier auch keine Milch in meinen Tee zu geben, wie ich das von England gewohnt bin. Der Tee ist mild genug für mich, um ihn ohne Milch und Zucker zu trinken.«

Nach der Tee-Tour eilt Lika in die Küche, um das Mittagessen für vierzehn Leute vorzubereiten. Sie hat die

Gabe, im Handumdrehen mehrere köstliche gurische Spezialitäten in riesigen Mengen zuzubereiten. Zum Mittagessen gibt es natürlich eine Tee- und danach noch eine Weinverkostung für die zahlenden Gäste. Sie sind beeindruckt von ihrem Chkhaveri Rosé, der aus Trauben eines benachbarten Weinbauern hier auf der Farm gepresst und abgefüllt wird. Auch ich probiere ihn, und bin begeistert von dieser Traube, die nur noch in Gurien angebaut wird. Doch nicht nur in Georgien wird dieser Wein geschätzt: »Mein Schwiegersohn hat sich dafür eingesetzt, den Rosé in die USA zu exportieren, und jetzt verkaufen wir jedes Jahr eine große Menge davon an ein Unternehmen in Maryland«, erzählt uns Lika voller Stolz.

Ich mache große Augen. Diese Frau ist wirklich unermüdlich. Sie hat es sogar geschafft, ihren Wein in ferne Länder zu exportieren. Lika ist eine dieser Powerfrauen, denen ich in meinem Leben immer wieder begegne und die ich bewundere. Nicht nur führt sie das Gästehaus und die Farm; sie und ihr Mann Mamuka pflegen außerdem zurzeit beide Mütter, die auf der Farm leben, weil sie alt und gebrechlich geworden sind und nicht mehr allein wohnen können. Bevor der Trubel des Tages losgeht, ist Lika schon wach, wäscht die beiden und bereitet ihnen Frühstück. Wenn wir sieben WorkAwayer bereit für die Arbeit des Tages sind, weist sie uns ein, steht uns für Fragen zur Verfügung und kommt immer wieder mit neuen Ideen um die Ecke. Sie organisiert außerdem die Bauarbeiten für ein weiteres Haus, welches am Fuße des Grundstückes für ihre Tochter und deren Familie gebaut wird. Lika kümmert sich um Gäste, teilt die Geschichte des Hauses mit ihnen, bekocht uns alle, und hin und wieder fährt sie zu Terminen, um die Entwicklung der Tee-Route voranzutreiben. Sie lebt mehrere Leben in einem. Und dazwischen findet sie immer wieder Zeit, um uns eintauchen zu lassen in ihr Leben sowie die Geschichte des Hauses und der Farm.

Sie sammelt Bilder und Gegenstände, die zeigen, wie das Leben auf der Farm früher war. Damals wurden die Weinreben an Bäumen entlang gepflanzt, da sie natürlicherweise gern um Bäume ranken. Mit großen Körben auf dem Rücken stieg man dann auf die Bäume, um die Trauben zu ernten. Als Lika mir die alten Bilder zeigt, bin ich erstaunt; das ist das erste Mal, dass ich das höre. Auf der ganzen Welt habe ich mir schon Weingüter angeschaut und Wein verkostet, aber dass die Weinpflanze natürlicherweise um Bäume rankt ist mir dabei noch nicht berichtet worden. Und doch, es ergibt Sinn. Wir stellen Rahmen auf, damit die Pflanzen ranken können, aber bevor die Menschen Weinbau betrieben haben, ist der Wein von selbst gewachsen.

Doch natürlich stemmt Lika all das nicht ganz allein. Ihr Mann Mamuka hilft ihr, wo er kann, wobei seine Hilfe meist erst am frühen Nachmittag beginnt. Denn er hat die Angewohnheit lang zu schlafen und dann den Vormittag im Bademantel verbringend seinen Tag zu planen. Sein Gleichmut treibt Lika manchmal auf die Palme. Dafür ist er nachts oft lange wach. Einmal überkommt es ihn früh um vier und er beendet den Destillationsprozess für eine große Menge Chacha. Ihm war eingefallen, dass er die geborgte Vorrichtung zum Destillieren am nächsten Tag zurückgeben muss. Die anderen erzählen uns am Morgen davon, da ihre Unterkünfte neben dem gepflasterten Vorplatz liegen, auf dem Mamuka die Destillationsvorrichtungen aufgebaut hat. Wir müssen lachen und sind froh, dass wir am unteren Ende des Gartens nicht durch den nächtlichen Lärm gestört wurden.

Auch die Nachbarn helfen mit, wo sie können. Einige Nachbarinnen kommen am Abend, um beim Kochen zu helfen, und oft wird das Essen für mehrere Mahlzeiten vorgekocht. Sie versammeln sich dann in der kleinen Küche, schälen Gemüse, stellen riesige Töpfe auf den Herd und erzählen und lachen. Wir WorkAwayer ziehen uns dann immer zurück, denn bei diesem schnellen georgischen Schlagabtausch gehen uns die paar Worte aus, die wir in der fremden Sprache gelernt haben. Wir kommen erst dann wieder zum Einsatz, wenn es daran geht, die Küche aufzuräumen und die riesigen Töpfe abzuwaschen – eine Arbeit, die oft eine ganze Stunde nach dem Abendessen in Anspruch nimmt. Und das, obwohl Lika die Fortschrittlichste im Dorf ist, und dank eines eigenen Brunnens genug Wasser hat, um sich einen Geschirrspüler zu leisten. Auch die zwei Duschen sind nicht selbstverständlich in diesem Dorf und hin und wieder kommen die Nachbarinnen zum Duschen vorbei.

Der Nachbar Germain bringt regelmäßig frische Milch von seinen Kühen, die dann zu Joghurt verarbeitet oder abgekocht für ein paar Tage haltbar gemacht wird. Die Brote, gefüllt mit Käse oder Hackfleisch, werden auf dem Herd in der Pfanne gebacken, und schmecken – wie alles hier – köstlich. Ein großer Sack Mehl steht in der Küche, dazu Unmengen frischen Gemüses vom Markt und jede Menge Konserven, die für den Winter vorbereitet wurden. Es ist ein Leben vom und mit dem Land. Fleisch gibt es selten, da es teuer und nicht lange haltbar ist. Doch die Gemüsegerichte sind so exzellent zubereitet, dass wir Fleisch überhaupt nicht vermissen. Und oft gibt es Eier- und Bohnengerichte, sodass wir keinen Proteinmangel haben. Die unzähligen vegetarischen Mahlzeiten in ganz Georgien sind vielfältig zubereitet und hervorragend gewürzt, sodass dieses Land eine Freude für Vegetarier ist.

Die Farm ›Komli‹ besteht nicht nur aus dem über hundert Jahre alten Holzhaus, gebaut in traditionellem gurischen Stil. Sie hat auch mehrere andere Gebäude, in denen Gäste unterkommen können. Eines davon ist das Weinfass, welches Lika hat restaurieren lassen und in dem nun zwei Personen bequem schlafen können. Es hat ein großes, doppelt verglastes Fenster mit Blick auf die Weinreben und die Berge dahinter, und innen befindet sich eine Doppelmatratze auf einem Podest sowie eine winzige Sitzecke. Es wird auf AirBnB angeboten und ist im Sommer fast immer ausgebucht. Doch jetzt im Herbst haben wir Glück und es ist frei, sodass Gwill und ich hier schlafen können. Wir sind froh, dass wir – besonders in den ersten Regentagen – ein Dach über dem Kopf haben.

Die Idee mit dem Weinfass kam Lika, als sie das erste Mal ihre Tochter und Familie in den USA besuchte. Dort sah sie ein winziges Haus, ein ›Tiny House‹, und hatte die Idee, dass man doch auch ein altes Weinfass zu so etwas umfunktionieren könnte. Zurück in Georgien begab sie sich auf die Suche danach. Als sie schließlich mit dem sieben Tonnen schweren Fass, welches in einem fürchterlichen Zustand war, in ›Komli‹ eintraf, rief ihr Nachbar: »Ja, bist du denn verrückt geworden?« Jetzt zeigt er das Fass stolz seinen Gästen.

Lika plant auch ein ›Hobbit House‹, ein Gebäude, das aus Erde gebaut ist, und ganz unten auf dem Grundstück, gleich beim Bambuswäldchen am Fluss stehen wird.

Oh ja, das Bambuswäldchen. Genau wie Tee wurde auch Bambus im 19. Jahrhundert aus China importiert, weil es in diesem Klima hervorragend wächst. Georgien ist ein kleines Land, nur ungefähr so groß wie Bayern, hat aber fünf Klimazonen, in denen man sogar Tee und Bambus anbauen kann – dieser Teil der Welt fasziniert mich immer wieder aufs Neue. Und natürlich weiß Lika die Vorteile des Bambus zu nutzen. Im Garten steht eine Komposttoilette, deren Gebäude von zwei WorkAwayern aus Bambus gebaut wurde, und zum Mittag gibt es immer mal wieder eingelegte junge Bambussprossen. Ich komme aus dem Staunen nicht mehr heraus.

Als ob das große, an einem sanften Hügel zum Süden gelegene Grundstück, bepflanzt mit Tee, Wein, Bambus und einem großen Kräutergarten, nicht schon genug zu bieten hätte, zieht sich am Fuße des Geländes ein kleines Flüsschen entlang. Wenn man dieses überquert und unter den Walnussbäumen des Nachbarn hindurch schlendert, kommt man an einen breiten, eiskalten Gletscherfluss. Es fühlt sich an wie im Paradies.

Früher war das Flüsschen ›Kikvata‹ auf Likas Grundstück mit dornigen Büschen überwachsen, doch als ihr Nachbar einmal scherzte, eine Bootsfahrt könnte man hier ja nicht unternehmen, war eine neue Idee geboren. Mit Hilfe von WorkAwayern wurde das Unterholz zurückgeschnitten und ein französisches Pärchen baute schließlich einen begehbaren Damm, um genug Wasser für eine Bootsfahrt anzustauen. Auch ein kleines Boot wurde gebaut, in dem Gwill und ich sogar mit einem der zwei Hunde, die Lika zugelaufen sind, in den Genuss kommen, das Flüsschen hinunterzuschippern, vorbei am Bambuswäldchen und der Hängematte des Nachbarn. An einem frühen Morgen beobachte ich den Nachbarn sogar dabei, wie er Fische aus einem der ausgelegten Netze weiter flussabwärts herausholt. So wird das Flüsschen sogar noch für landwirtschaftliche Erträge genutzt.

Überhaupt ist es unglaublich für mich zu sehen, was überall in Georgien aus dem Land und Boden herausgeholt wird. Jede Esskastanie wird aufgesammelt und abends über dem Feuer gegrillt, jeder Pilz wird abgeschnitten und in der nächsten Mahlzeit verarbeitet. Die letzten Stängel der Minze, die schon fast alle Kraft verloren hat, werden geerntet, getrocknet und als Tee aufgebrüht.

Auch in Lagodekhi, wo wir zehn Tage auf dem Zeltplatz verbrachten, kamen jeden Morgen eine Handvoll Leute vorbei, die eifrig den Boden nach Pilzen absuchten, und mich manchmal fast überrannten, als ich still in unserer Hängematte lag. Und Makas Familie hat große Walnuss- und Kakiplantagen, die jeden Sommer akribisch abgeerntet werden. In Swanetien verbrachte ich einen Nachmittag mit Karina und ihrer georgischen Familie. Wir fuhren in die Berge, um große Eimer mit wilden Brombeeren zu füllen. Mit einer beeindruckenden Ausdauer krakelten die Jungen und Alten am Waldhang entlang, um dem Land jede noch so versteckte Brombeere abzuluchsen.

Alles, was das Land hergibt, wird genutzt – ob es gepflanzt wurde oder wild wächst, spielt dabei keine Rolle. Solcher Wertschätzung von dem, was die Natur uns schenkt, bin ich schon lang nicht begegnet. Natürlich gehen auch in Deutschland viele Menschen im Herbst Pilze suchen oder klauben wildwachsende Früchte. Doch bei uns ist es mehr ein Hobby, ein Genuss zwischendurch; die Notwendigkeit, dies zu tun ist nicht da. Und doch, obwohl es zum einen natürlich Geld spart, die Geschenke der Natur voll auszukosten, sehe ich in Georgien mehr noch ein tiefes Bewusstsein und eine große Wertschätzung, für das, was uns das Land gibt. Ich habe den Eindruck, die Menschen sind der Natur viel mehr verbunden, auf eine andere Art als wir. Eine Art, die uns im Westen größtenteils durch die Fortschritte der Zivilisation verloren gegangen ist.

Blick von Likas Farm auf die Berge am Morgen

Häusermeer von Tbilisi mit dem Großen Kaukasus in der Ferne

ZURÜCK IN TBILISI

Von West nach Ost:
Relikte der Sowjetunion

Nachdem ich in der Nacht bereits mit Bauchschmerzen aufgewacht bin, frage ich mich, ob ich mal wieder zu viel gegessen hatte. Dann erinnere ich mich, dass meine Periode fällig ist. Ach ja, es ist mal wieder soweit. Obwohl es bereits neun Uhr am Morgen ist, fühle ich mich erschöpft.

Wir waren am Abend zuvor erst um Mitternacht ins Bett gegangen. Bis spät in der Nacht saßen wir auf dem Balkon eines Restaurants in der Innenstadt von Kutaisi und tranken Cocktails mit einer ganz besonderen Frau, die ich schon seit einiger Zeit hatte treffen wollen. Emily Lush ist eine australische Reisebloggerin, die seit längerer Zeit in Georgien lebt und einen der umfangreichsten Blogs über das Land pflegt. Die Tipps auf ihrem Blog ›Wanderlush‹ hatten sich als unschätzbar wertvoll für uns herausgestellt. Immer, wenn wir in eine neue Gegend reisten, nutzten wir ihre Website. Sie schrieb über Land, Leute und Kultur und vor allem hatte sie wertvolle Vorschläge für Unterkünfte, Restaurants, Sehenswürdigkeiten und öffentliche Verkehrsmittel. Ihr Blog war abwechslungsreich gestaltet mit vielen schönen Fotos und historischen Hintergründen zu den Sehenswürdigkeiten Georgiens.

Ich hatte Emily im August kontaktiert, um sie bei der Suche nach einem Weingut in Kachetien um Rat zu fragen, wo wir bei der Traubenernte helfen wollten. Ihre schnelle, umfangreiche Antwort wusste ich sehr zu schätzen und seitdem waren wir immer wieder in Kontakt. Als sie hörte, dass wir auf der Rückreise von Gurien für ein paar Tage nach Kutaisi kamen, schlug sie ein Treffen in diesem Restaurant vor. Ich genoss es, sie kennenzulernen und ein paar Details aus ihrem Leben zu erfahren. Wir verbrachten schöne, gemeinsame Stunden und verabredeten uns schließlich für das nächste Mal, wenn wir vor unserem Rückflug wieder in Kutaisi sein würden.

Doch nun fühle ich mich nicht mehr so gut wie gestern Abend. Wir hatten ursprünglich geplant, mit der ›Marschrutka‹ nach Tbilisi zu fahren, doch bin ich mir nicht mehr so sicher, ob ich die kurvige Fahrt heute mitmachen will. So schlage ich Gwill vor, doch den Zug zu nehmen, der zwar zwei Stunden länger unterwegs sein wird, die Fahrt dafür aber auch entspannter sein würde. Auf dem Weg zum Bahnhof beschließe ich, dass wir uns ein Erste-Klasse-Ticket leisten, da ich heute wirklich auf Bequemlichkeit aus bin.

Ich muss lachen, als wir am Bahnsteig ankommen. Der Zug besteht aus der Lok und einem einzigen Wagon, der noch aus Sowjetzeiten stammt. Erste Klasse ade. Im Bahnhof, der wie leergefegt ist, und von außen nicht mal als jener zu erkennen war, müssen wir einige Zeit suchen, bis wir das Personal finden, um ein Ticket zu kaufen. Hier scheint wirklich die Zeit stehengeblieben zu sein. Dafür kostet das Ticket für die fünfstündige Fahrt nur zwei Euro pro Person.

Der alte Sowjetwagon stellt sich als das bequemste Transportmittel heraus, mit dem wir bisher gefahren sind. Breite Zweiersitze, die man nach hinten umlegen kann und Fenster, die sich öffnen lassen, machen unsere Fahrt zu einem wahren Vergnügen. Es steigen nur wenige Leute zu, und wir genießen die Reise und die vorbeiziehenden, wechselnden Landschaften.

Als wir in Tbilisi ankommen, wartet Beka, unser georgischer Freund aus Mestia, schon auf dem gegenüberliegenden Bahnsteig auf uns und sagt überrascht: »Was, ihr seid mit so einem alten Zug gefahren? Ich hatte mit euch im Schnellzug gerechnet.« Beka hatte uns eingeladen, ein paar Tage bei seiner Familie in Tbilisi zu verbringen und wir waren dieser Einladung dankbar gefolgt.

Wir nehmen uns ein Taxi zur Wohnung seiner Mutter im Ortsteil Dighomi im Norden der Hauptstadt. Das Viertel ist bebaut mit Hochhäusern, teilweise über zwanzig Stockwerke, viele noch aus Sowjetzeiten. Von außen sehen sie grau und traurig aus, doch von innen sind sie teilweise restauriert. Beka wohnt mit seiner Mutter Medea im dreizehnten Stock eines dieser alten Sowjetbauten. Im Treppenhaus fällt bereits der Putz von den Wänden, und als wir uns mit unseren großen Rucksäcken in den kleinen Fahrstuhl quetschen, scheint dieser unter unserer Last zu ächzen.

Im richtigen Stockwerk angekommen öffnet uns Medea, Bekas Mutter, die Tür. Sie ist eine schöne Frau, hochgewachsen, mit lockigem, schwarzem Haar und einem breiten Lächeln im Gesicht. Wir fühlen uns sofort willkommen. Beim Abendessen erzählt uns Beka: »Meine Großmutter war Wissenschaftlerin und Erfinderin, und als Belohnung für ihre gute Arbeit gab man ihr diese Wohnung als Geschenk. Meine Mutter restaurierte und modernisierte sie später.«

Ich bin beeindruckt von der großen, hellen Wohnung. Ich fühle mich nicht wie in einem Plattenbau, mehr wie in einem alten Herrenhaus. Die Decken sind hoch und mit Stuck verziert, die Türen, die fast bis zur Decke reichen, sind aus Echtholz und mit kunstvollen Profilen versehen. Die Zimmer sind großzügig geschnitten und herrlich große Fenster geben den Blick auf die Berge im Hinterland von Tbilisi frei.

Medea hat uns ein köstliches Abendessen gekocht. Sieben verschiedene Speisen und eine Flasche wunderbarer, georgischer Weißwein stehen auf dem kleinen Küchentisch, an dem für Beka, Gwill und mich gedeckt ist. Medea ist Allgemeinärztin und muss leider an diesem Abend Hausbesuche machen. Mit einem Lächeln verabschiedet sie sich von uns. Wir treffen auch Bekas Schwester Mariam, die zu Besuch aus Deutschland hier ist. Sie studiert in Essen Medizin und wartet gerade auf die Resultate ihrer Abschlussprüfung. In der Zwischenzeit genießt sie es, nicht lernen zu müssen und sich mit ihrer Familie und ihren Freunden treffen zu können.

Wir verbringen wunderbare Tage mit Beka und seiner Familie, erkunden den botanischen Garten in der Innenstadt, genießen den Ausblick über die Berge und sehen auch Bekas Vater Levani, den wir ja bereits aus Mestia kennen und der uns zu einem üppigen Abendessen bei sich zu Hause einlädt. Bekas Eltern leben schon lange getrennt. Für uns bedeutet das, dass wir in Tbilisi sogar zweimal die georgische Gastfreundschaft genießen können. Wir bleiben allerdings nur einige Tage bei Bekas Mutter und mieten uns dann für zwei Wochen eine Wohnung in der Altstadt von Tbilisi. Wir möchten mal wieder Zeit ganz für uns haben und ein ganz spezielles Vorhaben in die Tat umsetzen.

Fastentage in der Hauptstadt

Ich möchte heute nicht schreiben. Ich möchte auch nicht die Stadt anschauen. Ich will auch nicht ins Kino oder ins Theater, keine Freunde sehen oder Unterhaltungen führen. Was ich wirklich will ist ein großes Stück Kirschkuchen mit fetten Streuseln vom Chemnitztal Bäcker meiner Heimatstadt. Dazu eine Tasse Earl Grey mit Milch und viel Zucker, und mein Leben wäre wieder in Ordnung.

Doch ich darf nichts essen. Und auch nichts trinken außer Wasser und Tee. Nichts, nichts, absolut gar nichts. Denn Gwill und ich sind gerade am Beginn unserer Fastenzeit. Zehn Tage wollen wir fasten, und heute ist erst der zweite Tag. Und das Schlimme daran ist, dass das Ganze meine Idee war. Meine Idee ganz allein! So oft habe ich davon gesprochen, dass ich doch mal zehn Tage fasten möchte und wie wahnsinnig gut das für den Körper sei. Bis ich letztlich zu dem Schluss gekommen bin, dass Tbilisi der beste Ort und jetzt im November, vor den Festessen zu Weihnachten, die beste Zeit zum Fasten wäre. Und bis ich schließlich – ohne es glauben zu können – Gwill davon überzeugt hatte, doch gemeinsam mit mir zehn Tage lang nichts zu essen. Denn alleine würde ich es nicht schaffen, das wusste ich. Wenn ich jeden Tag sähe, wie er genussvoll isst und trinkt, dann würde ich mein Fasten ganz schnell über den Haufen werfen. Gwill fastet also mir zuliebe mit mir gemeinsam. Ich bin unglaublich dankbar, dass er sich darauf eingelassen hat. Ich weiß, dass ich uns beide motivieren möchte, und nicht aufgeben werde.

Nun sitze ich am Küchentisch des hellen, geräumigen Apartments, das wir gemietet haben. Es ist großzügig geschnitten, mit einer großen Fensterfront und Zentralheizung. Ich bin dankbar, so einen schönen Ort für unsere Auszeit gefunden zu haben. Bei einer Tasse Ingwertee denke ich zurück an die letzten Tage und lache in mich hinein, als ich an Medeas Reaktion auf unser Fasten denke. Bekas Mutter hat uns wie ihre eigene Familie in ihrer Wohnung aufgenommen und trotz unserer Proteste, da sie doch viel zu viel zu tun hat, aufs Köstlichste bekocht, bis wir nichts mehr essen konnten. Zum Frühstück gab es Pfannkuchen mit Nutella und verschiedene andere Köstlichkeiten, zum Abendessen eine ›Mini Supra‹ (georgisches Festessen) mit sechs oder sieben verschiedenen Speisen. Als ich ihr am letzten Abend vorsichtig von unseren Plänen erzählte, und dass wir vorhätten für zehn Tage nichts zu essen, erwartete ich Unglauben und Protest ihrerseits. Schließlich ist das hier Georgien, und wahrscheinlich ist noch nie jemand auch nur auf den Gedanken gekommen, eine Mahlzeit ausfallen zu lassen.

»Also, was habt ihr denn vor, wenn ihr morgen weiterzieht?«, fragt uns Medea dann auch prompt bei einem Glas Weißwein am Sonntagabend in der kleinen, gemütlichen Küche.

Ich antworte ihr bedächtig: »Wir haben uns eine Wohnung gemietet und wollen zehn Tage fasten. Es ist gut für die Gesundheit, und da ich seit einiger Zeit Asthma habe und meine Haut auch nicht gut aussieht, erhoffe ich mir dadurch Besserung.« Den zweiten Satz füge ich hinzu, um jedwedem Protest den Wind aus den Segeln zu nehmen.

Doch sie strahlt uns an: »Das finde ich sehr gut. Eine sehr gute Idee. Mein Bruder hat das auch mal gemacht, hat ihm sehr gutgetan.« Nach einer kurzen Pause fügt sie hinzu: »Aber Pfannkuchen esst ihr schon noch mit zum Frühstück morgen, oder?«

Als wir am Montagnachmittag in unserem Apartment ankommen, ist es draußen windig und kalt. In der Wohnung empfängt uns wohlige Wärme. Doch Gwill bricht gleich wieder auf. »Wo willst du denn jetzt hin?«, frage ich ihn.

»Da unten an der Ecke habe ich einen Bäcker gesehen. Da kaufe ich erstmal was ein. Ich habe einen Riesenhunger.«

Nach dem Frühstück mit Pfannkuchen bei Medea wird das heute offensichtlich nicht unser erster Fastentag, und so gönnen wir uns nach Kaffee und Kuchen ein gutes Abendessen. Dann beginnt die Fastenzeit offiziell.

Mittlerweile ist es Donnerstag, der dritte Fastentag. Es ist früher Nachmittag und Gwill schläft noch. Ich habe den Eindruck, sein Plan ist es, einfach die Fastenzeit durchzuschlafen mit langem Ausschlafen und vielen Nickerchen. Warum nicht, denke ich mir, das ist auch ein Weg. Ich hingegen werde für gewöhnlich relativ früh wach und genieße es, den ganzen Tag vor mir liegen zu haben, ohne Pläne, mit viel Zeit zum Meditieren, Dehnen, Lesen, Schreiben und Recherchieren. Wir haben auch geplant, lange Spaziergänge zu unternehmen und die Schwefelbäder zu besuchen, die nur zwanzig Minuten von unserem Apartment entfernt sind. Doch heute fühle ich mich überhaupt nicht nach Aktivitäten. Ich bin mit Kopfschmerzen aufgewacht, und nach einem kurzen Einkauf in dem kleinen Laden die Straße runter beschließe ich, noch einen Tag in der Wohnung zu verbringen.

Einen Tag später, am vierten Fastentag, machen wir unseren ersten längeren Spaziergang. Es geht zum Supermarkt.

Wir kaufen Orangen, Grapefruits und Zitronen zum Aus-
pressen. Auch Honig für unseren Tee, dazu Gemüse für
eine Brühe, und Kräuter zum Würzen. Wir hatten eigentlich vorgehabt, der Einfachheit halber zehn Tage lang nur
Wasser zu trinken, aber wir fühlten uns die letzten zwei
Tage extrem schwach. Dazu kamen starke Kopfschmerzen,
und bei mir noch Schwindelgefühle. Ich lies nach und
beschloss heute Morgen, dass wir doch ein paar Nährstoffe
zu uns nehmen sollten, sowie ein wenig Honig, um unseren Blutzucker auf Trab zu bringen.

Ich schaffe kaum den Weg zum Supermarkt und
zurück, der insgesamt nur fünf Kilometer lang ist. Wenn es
bergauf geht, muss ich immer wieder anhalten, um Luft zu
schnappen und mein pochendes Herz zu beruhigen. So
hatte ich mich auch gefühlt, nachdem ich Anfang des Jahres
eine Corona-Infektion durchgemacht hatte. Wochenlang
war ich schwach gewesen, und nach jeder leichten Anstren-
gung brauchte ich den ganzen Tag, um mich zu erholen.
Doch diesmal weiß ich, dass es bald vorbeigehen wird, und
dass das Fasten gut für meinen Körper ist.

Gwill fällt das Fasten wesentlich schwerer als mir. In
jedem Möbelstück sieht er imaginär etwas Leckeres zu
essen. Der dunkle Tisch, aus Stücken von Walnussholz
zusammengeklebt, wirkt auf ihn wie ein verheißungsvolles
Stück Nussschokolade. Der gelbe Sitzsack sieht aus wie ein
frisches, duftendes Brot. Wir malen uns aus, was wir nach
unserem Fastenbrechen alles essen werden, und diese
Gespräche sind lang und wir lachen viel dabei. Ich bin dankbar, dass Gwill das Fasten durchhält, obwohl ich sehe, wie er
sich quält. Er tut es mir zuliebe, was ich ihm hoch anrechne.
Ich dagegen habe allerlei Erwartungen an die zehntägige
Hungerkur, soll sie doch Entzündungen im Körper eindäm-
men und die Zellen regenerieren. Durchs Fasten werden

Abfallprodukte in der Zelle abgebaut und recycelt, was das Immunsystem stärkt und nach neuesten Forschungen Krebs, Diabetes, Arthrose und andere Krankheiten vorbeugen beziehungsweise beim Heilungsprozess helfen kann.

Entzündungen habe ich allerlei anzubieten. Seit fünf Monaten habe ich leichtes Asthma, wohl auch durch meine Arbeit als Tischlerin ausgelöst. Ich will nicht für immer an das Asthmaspray gebunden sein, und hoffe so, die Entzündungsherde in meiner Lunge zu reduzieren. Außerdem habe ich oft Hüft- und Rückenschmerzen, die möglicherweise auch durch Entzündungen im Körper ausgelöst werden können. Seit vielen Jahren machte ich regelmäßig ›Egoscue‹ Gymnastikübungen, um meinen schmerzenden Rücken und meine Hüfte zu entspannen. Das funktioniert sehr gut, doch nehme ich mir nicht immer die Zeit für die 45-minütige Übungseinheit, und ich will meinen Körper außerdem auch auf andere Weise unterstützen. Ich habe auch schon mein Leben lang Ekzem, das in den letzten Wochen wieder aufflammte, und hoffe, dass das Fasten meine Haut wieder zum Strahlen bringen wird.

Ich habe also viele Gründe, die zehn Tage durchzuhalten, und wann immer es mir schwerfällt, rufe ich mir diese in Erinnerung beziehungsweise lese über die wohltuenden und heilenden Effekte des Fastens. Ich weiß, dass ich einen starken Willen habe, und es durchhalten kann – doch hoffe ich natürlich, dass wir beide bald wieder mehr Kraft und Energie haben werden. Wir warten auf den so oft vorausgesagten Energieschub, der bei vielen Fastenden nach dem dritten Tag kommen soll.

Der Energieschub bleibt leider aus, dafür habe ich am fünften Tag keine großen Kreislaufbeschwerden mehr, und unternehme am Nachmittag einen kleinen Spaziergang in der Nähe unserer Unterkunft in der Altstadt von Tbilisi. Obwohl das Haus, in dem wir wohnen, restauriert und modernisiert wurde, ist dies kein wohlhabendes Viertel. Als ich hinter unserem Haus die Straße in Richtung der Festung ›Norikala‹ hinauflaufe, sehe ich auf beiden Seiten alte Häuser, an denen der Putz schon lange abgefallen ist. Teilweise wurden sie durch Anbauten ergänzt, die nicht mehr als Bretterverschläge sind. Ich zweifle daran, dass diese Häuser Zentralheizung haben, vielleicht beheizen sie einen Raum durch einen feuergespeisten Ofen oder einen Gasheizer. Einige haben in diesen Anbauten ihre Küchen und dazu einen Holzverschlag über den Hof, der als Toilette dient. Es ist ein armes Viertel, und kaum zu glauben, dass keinen Steinwurf entfernt Menschen in modernen Häusern mit allen Annehmlichkeiten der Zivilisation leben.

Dann erinnere ich mich an Sebastian, der Schweizer von unserem WorkAway in Gurien, der mir erzählt hat, dass es auch im Schweizer Bergland nicht ungewöhnlich ist, dass manche Menschen in ähnlich ärmlichen Verhältnissen leben wie viele Georgier. Ich denke auch zurück an Makas und Likas Erzählungen, wie sie nach dem Zusammenbruch der Sowjetunion fast acht Jahre lang kaum Strom oder Gas hatten, weil ihnen Russland den Hahn abgedreht hatte. Manchmal denke ich, dass diese Erfahrung der Grund dafür ist, dass die beiden sich nicht darüber beklagen nun wieder auf dem Land ohne Zentralheizung zu leben, nachdem sie für viele Jahre ein komfortableres Leben in Tbilisi hatten.

Und natürlich denke ich auch an meine Zeit im Norden Englands zurück, in der ich mit meinem damaligen Freund in einem Cottage unweit von Newcastle lebte, welches wir nur mit der Feuerstelle im Wohnzimmer beheizen konnten. Ihm gefiel der Charme dieses alten Hauses, und so hatten wir es einem modernen Haus vorgezogen. Ich nahm mittlerweile den Komfort unserer Gesellschaft als so selbstverständlich wahr, dass es mir guttat, mal wieder zu sehen, in was für einem Luxus wir doch in Deutschland leben und ich war froh, wieder dahin zurückkehren zu können. Viele Georgier hatten diese Wahl nicht, ihnen fehlte das Geld zur Modernisierung ihrer Häuser.

Nichtsdestotrotz übt Georgien einen unvergleichlichen Charme auf Ausländer aus, und viele verlieben sich in dieses Land und beschließen, ihren Lebensmittelpunkt hierher zu verlegen. Georgien bietet beste Bedingungen für Einwanderer: So hat es unkomplizierte Einreisebedingungen, die Steuern sind niedrig und das Leben unheimlich günstig für die meisten Europäer und Amerikaner sowie Menschen aus Saudi-Arabien und anderen wohlhabenden Ländern. In Borjomi hatte ich einen Herzspezialisten aus Saudi-Arabien kennen gelernt, der zu Beginn seiner Rente beschloss, nach Georgien zu ziehen. Seine Frau und er hatten sich eine kleine Wohnung am Stadtrand gekauft, die sie gerade renovierten. Auf einem Ausflug hatte er einen jungen Georgier getroffen, dem er mit Gesundheitstipps aushalf, und der das arabische Paar daraufhin als seine zweiten Eltern ansah und ihnen bei allen Besorgungen und Herausforderungen in Georgien zur Seite stand.

Heute ist der siebte Tag unseres Fastens. Wir hatten beide gelesen, dass der siebte Tag für gewöhnlich einer der schwersten Tage war, aber ich glaubte nicht, dass das für uns der Fall sein würde. Für uns waren die ersten vier Tage die härtesten gewesen; mit starken Kopfschmerzen, Schwindelgefühlen und Antriebslosigkeit. Hungrig sind wir nun auch wieder. Oft recherchiert einer von uns zu den spezifischen Symptomen, die wir gerade haben im Internet und gibt dann bekannt, dass es anderen Fastenden ganz genauso ging.

Wir leiden zusammen, aber wir haben auch viel Spaß, und das gemeinsame Fasten verbindet uns. Erstaunlicherweise nerven wir uns überhaupt nicht, obwohl wir jeden Tag zu Hause verbringen. Doch Gwill schläft lange, und so habe ich morgens viel Zeit für mich.

Die letzten drei Tage haben wir uns dank frisch gepresstem Orangensaft und ausgekochter Gemüsebrühe wieder ein wenig energetischer gefühlt, aber es ist kein Vergleich zu unserem normalen Energieniveau. Ich wache morgens schon erschöpft auf, habe eine ständige Müdigkeit hinter den Augen, und muss mich jeden Tag zwingen an die frische Luft zu gehen, obwohl es mich normalerweise bei Sonnenschein immer hinauszieht. Doch ich genieße es auch, in mich zu gehen und viel Zeit zur Selbstreflexion zu haben.

Heute ist Tag neun unseres Fastens. Trotz unserer Schlappheit haben wir uns aufgerafft, einen langen Spaziergang im botanischen Garten von Tbilisi zu machen. Es ist ein angenehm kühler Herbsttag Mitte November. Die Sonne lugt immer wieder zwischen den Wolken hervor und der frische Herbstwind bläst unsere Müdigkeit fort. Wir genießen es, nahezu die einzigen Besucher des Gartens zu sein, und schlendern ausgiebig über die breiten Pfade bis zum Gipfel jener kleinen Anhöhe, auf der er angelegt worden war. Von dort haben wir einen herrlichen Blick über Tbilisi und seine verschiedenen Stadtteile.

Beim Abstieg fällt uns ein überdimensioniertes Glasgebäude auf, das auf dem felsigen Hang gegenüber dem Garten, mitten in einem Naturschutzgebiet steht. Es glitzert in der Sonne und sieht aus wie eine Fabrik. Es passt überhaupt nicht in diese Landschaft und mutet schon fast außerirdisch an. Als ich im Internet recherchiere, was es wohl sein könnte, stellt sich heraus, dass es sich um Bidzina Ivanishvilis Residenz handelt. Der reichste Mann Georgiens war von 2012 - 2013 Georgiens Ministerpräsident, aber er hält nach wie vor viele politische Fäden des Landes in der Hand. Der Oligarch hat es geschafft, allem Widerstand von Naturschützern zum Trotz einen riesigen Palast auf dem Hügel inmitten der Altstadt von Tbilisi zu bauen.

Nach dem Fasten

Wenn dein fleischliebender Freund sagte: »Bring vom Supermarkt eine Gurke mit, da können wir zwischendurch immer mal dran naschen«, oder: »Wenn du einen metallenen Geschmack im Mund hast, leck einfach an einem Stück Zitrone«, dann weißt du, dass ihr gerade zehn Tage gefastet habt. Und dass alles, wirklich alles, was ihr jetzt wieder essen könnt, absolut fantastisch schmecken wird. Heute ist der zweite Tag unseres Fastenbrechens, und wir sind heilfroh, wieder Nahrung zu uns nehmen zu können. Nicht nur weil wir absolute Genießer sind, sondern auch, weil wir die ganzen zehn Tage des Fastens kaum Energie hatten und unsere Pläne, ausgedehnte Wanderungen in den Bergen um Tbilisi zu machen, erstmal hatten aufschieben müssen.

Eines hatte ich mir durch unsere Hungerkur wieder intensiv in Erinnerung gerufen: Man muss entbehren, um wertzuschätzen, wie gut es einem geht. Als ich am dritten Tag nach dem Fastenbrechen aufwache, fühle ich mich gut und stark. Es ist acht Uhr, die Sonne ist gerade erst über der Stadt aufgegangen, doch auch ohne, dass ich die Augen aufschlage, merke ich bereits, dass ich wieder bei Kräften bin. Als ich bei einer Tasse Tee und einem Stück Schokolade die ersten Zeilen des Tages zu Papier bringe, durchströmt mich Dankbarkeit für die Energie und Lebensfreude, die ich nun wieder spüre. Dabei fühle ich mich gar nicht anders als vorher, nur weiß ich es jetzt zu schätzen; wie die Genesung nach einer langen Krankheit.

Ich betrachte mich an diesem Morgen lange im Spiegel. Meine Haut ist klar und strahlt wie schon lang nicht mehr. Seit zehn Tagen habe ich mein Asthmaspray nicht benutzt und es auch nicht vermisst. Ich habe ein paar Kilo abgenommen, aber nicht so viel, dass ich abgemagert aussehe. Ich fühle mich gut und zuversichtlich. Ich bin unheimlich dankbar, dass wir die Fastenzeit gemeistert haben, und dass sie solch sichtbare Ergebnisse gebracht hat. Auch Gwill sieht man die Veränderung an. Ich finde, er sieht um Jahre jünger aus, und auch meine Mom stellt dies fest, als wir zehn Tage später wieder in Deutschland ankommen.

Leider wird der positive Effekt auf meine Lunge nicht anhalten und das Asthma in ein paar Wochen wieder zurückkehren. Doch ich bin trotzdem froh, meinem Körper eine Pause gegönnt zu haben. Meine Haut bleibt klar und insgesamt fühle ich mich für Monate danach fitter und energetischer.

Heute haben wir einen Spaziergang am Tbilisi Reservoir geplant. Nach einem späten Frühstück von Kürbissuppe und Apfelmus – wir gewöhnen unsere Körper langsam wieder an Nahrung – brechen wir am frühen Nachmittag zum ›Meer von Tbilisi‹ auf. Ich war schon lang neugierig darauf, wie das große Wasserreservoir vor den Toren der Hauptstadt aussieht. Ich liebe jedes Gewässer und habe mir oft die Umrisse des vergleichsweise großen Reservoirs im Osten der Stadt auf der Karte angeschaut. Ich denke an die Chemnitzer Stauseen, die ja nur etwas über eine Viertel Million Stadtbewohner versorgen müssen, und wie klein sie doch sind im Vergleich zu diesem ›Meer‹. ›Tbilisi Sea‹ war insgesamt knapp neun Kilometer lang und an der breitesten Stelle knapp zwei Kilometer breit. Es wurde in den 50er Jahren angelegt und wird nicht nur als Wasserre-

servoir für die Hauptstadt, sondern auch als Erholungs-
und Badegebiet genutzt.

Das Taxi spuckt uns eine halbe Stunde später am Rande
einer vielbefahrenen Schnellstraße aus. »Wollen Sie hier
raus?«, fragt der Fahrer ungläubig, als er an dem von uns
zufällig gewählten Punkt anhält. Da ich kaum georgisch
spreche und die Taxifahrer in Tbilisi notorisch mies
gelaunt zu sein scheinen, nickte ich nur. Auf der Karte sah
es so aus, als würde sich die Straße entlang des Gewässers
ziehen, und wir hatten angenommen, dass der Zugang
überall möglich wäre. Ich hatte wieder eine neue Lektion
gelernt: Traue niemals einer Landkarte von Georgien. Was
auf der Karte ganz unkompliziert aussieht, erweist sich in
der Realität oft als nicht ganz so idyllisch und einfach.

Nachdem Gwill und ich zwanzig Minuten entlang der
Schnellstraße liefen, finden wir schließlich ein Loch in dem
Zaun, der einen Teil des Areals umschließt. Wir krabbeln
durch das Loch und nach kurzer Zeit stehen wir am Rande
des Stausees. Er ist wunderschön. Ein scharfer kalter Wind
weht vom Wasser her um unsere Köpfe, und die Wellen
sind erstaunlich hoch für einen städtischen Stausee. In der
Ferne sehen wir Kitesurfer, die mit ihren bunten Schirmen
auf dem Wasser zu tanzen scheinen. Ich bin in meinem Element. Für etwa zwei Stunden laufen wir am Wasser entlang,
außer uns keine Menschenseele. Nur ein paar Hirten mit
ihren Kühen begegnen uns, wie kann es auch anders sein.

Als wir uns weiter östlich in die Büsche schlagen, sehen
wir überall benutzte Spritzen liegen. Die Idylle war trüge-
risch. Offensichtlich ist dies ein Rückzugsort für verzwei-
felte Drogenjunkies, die im Häusermeer von Tbilisi keine
Zuflucht finden können. Nichtsdestotrotz genieße ich
unseren kleinen Spaziergang und der Wind bläst mir alle

Gedanken und Sorgen der letzten Tage fort. Als wir schließlich am östlichsten Teil des Reservoirs wieder auf die Schnellstraße stoßen, rufen wir aus dem Windschutz des Strandes heraus ein Taxi, welches uns zurück nach Hause bringt.

Ende November, zum Abschluss unserer Zeit in Georgien machen wir eine wunderschöne letzte Wanderung. Wieder voll bei Kräften fahren wir fünf Tage nach unserem gemeinsamen Fasten nach Kojori. Das Dorf und die gleichnamige Festung befinden sich nur eine halbe Stunde von Tbilisi entfernt. Kojori liegt auf fast 1400 Metern Höhe und wir laufen von den Ruinen der tausend Jahre alten Festung die 22 Kilometer zurück auf die 500 Meter Höhe von Tbilisi.

Mit den besten Khinkali ganz Georgiens von unserem Lieblingsrestaurant ›Sabatono‹ im Gepäck genießen wir die Aussicht hoch über den Dächern von Tbilisi auf dem letzten Stück unserer Wanderung. Wir haben herrliche Ausblicke über die Berge und können bis zum Berg Kazbeg im Großen Kaukasus hinübersehen, zu welchem wir am Beginn unserer Reise hinaufgeschaut haben. Dieser klare, windige Tag ist ein glorioser Abschluss unserer fast fünf Monate in Georgien und wir sind dankbar, dass wir diese intensive Zeit hier erleben durften.

Blick über die Innenstadt von Tbilisi

Tbilisi Sea - Reservoir vor den Toren der Stadt

Epilog

Es ist Mitte Dezember und seit zehn Tagen sind Gwill und ich zurück in meiner Heimatstadt Chemnitz in Deutschland. Es ist fantastisch, wieder hier im Erzgebirge zu sein – besonders in der Vorweihnachtszeit. Ich genieße jede Minute mit meiner Familie und meinen Freunden. Doch vor allem genieße ich es, wieder in der Heimat zu sein, in dem Land, in dem ich aufgewachsen bin, in dem alles vertraut ist, in dem ich die Verkäuferin beim Bäcker und auch die Menschen auf der Straße verstehe, weil sie meine Sprache sprechen. Doch obwohl Großbritannien, in dem ich zwölf Jahre gelebt habe, zu meiner zweiten Heimat geworden ist, ist es doch etwas anderes hier in Chemnitz zu sein. Es ist vertraut, es fühlt sich einfach an, und ich lasse mich zurücksinken und genieße die wohlige Wärme im Haus meiner Eltern.

Oft blicken Gwill und ich zurück auf unsere Zeit in Georgien und wir wissen schon jetzt, dass wir zurückkehren werden und mehr Zeit im Land verbringen wollen. Der Kaukasus lädt uns ein zu mehr Wanderungen, die Herzlichkeit der Georgier und der einzigartige Geschmack des hausgemachten Weines locken mich zurück in die Schönheit dieses kleinen Landes am Schwarzen Meer.

Doch bin ich mir auch bewusst, wie gut ich es hier in Deutschland habe. Ich lebe in einem Haus mit Zentralheizung, in dem wir uns die Energiekosten auch leisten können. Ich habe eine exzellente Krankenversicherung, bei der ich nur in seltenen Fällen etwas selbst zahlen muss. Die Häuser in Chemnitz sind renoviert und haben modernsten Lebensstandard. Man sieht so gut wie nie den Putz von den Wänden bröckeln, wie das so oft in Georgien der Fall war. Als ich meiner Mom von den zerfallenen Häusern in Tbilisi und eigentlich überall in Georgien erzähle, ist sie nicht überrascht: »So sah es bei uns vor der Wende auch aus. Genau wie in Georgien hatten viele Häuser große Risse und der Putz fiel innen und außen von den Wänden. In unserer ersten Wohnung mussten wir immer nach Hause rennen, wenn es regnete, um auf dem Dachboden Eimer aufzustellen, die dann das Wasser auffingen, das durch die Löcher im Dach rann. Taten wir dies nicht, kam das Wasser durch die Decke direkt in unsere kleine Wohnung.«

Ich werde nachdenklich, als ich das höre und erwidere: »Ja, in Georgien sieht es heute so aus, wie es bei uns wäre, wenn es die Wiedervereinigung nie gegeben hätte. Georgien hatte kein Land oder eine Region, die es aufgefangen hat, nachdem die Sowjetunion zerfallen ist. Ganz im Gegenteil, die einst blühende Landwirtschaft und die produktiven Exporte in die Sowjetunion litten unter der neuen Situation. Und statt einem Land, das Georgien unterstützt, hatte es Russland als Nachbarn, welches in den frühen Neunzigern den Gas- und Stromhahn abdrehte, weil ihm die neue politische Richtung Georgiens nicht gefiel.«

Georgien hat sich bis heute nicht vollständig von den Folgen des Zerfalls der Sowjetunion erholt, doch langsam geht es aufwärts. Dabei sind es die Mentalität, die Lebenslust und Herzlichkeit der Georgier, die ihnen selbst Kraft und Zuversicht geben und uns als ausländische Besucher seit Jahrzehnten in ihren Bann ziehen.

LITERATUREMPFEHLUNGEN

Diese Bücher und Reiseführer über Georgien habe ich selbst gelesen und verwendet und kann sie jedem nur ans Herz legen.

- **Stefan Loose:** *Reiseführer Georgien*
- **Peter Nasmyth:** *Walking in the Caucasus: Georgia*
- **Constanze John:** *40 Tage Georgien: Unterwegs von Tiflis bis ans Schwarze Meer*
- **Lucy Fricke:** *Georgien: Eine literarische Reise*
- **Ana Zirner:** *Wilde Berge, weites Land: Von Ost nach West durch den Kaukasus*
- **Tiko Tuskadze:** *Supra: Ein Fest der georgischen Küche*

Weitere Literaturempfehlungen, die ich bekommen habe, aber noch nicht selbst gelesen habe:

- **Peter Nasmyth:** *Georgia: In the Mountains of Poetry*
- **Rainer Kaufmann:** *Georgien: Ein Reise-Lesebuch*

Eine Literaturempfehlung für alle, die gern wandern oder übers Wandern lesen:

- **Florian Koßmann:** *Offene Herzen, offene Türen. Begegnungen auf dem Eifel-Camino*
- **Florian Koßmann:** *deutschLANDSTREICHEN: Auf dem Westweg durch den Schwarzwald*